Süßes aus der Landküche

Süßes aus der Landküche

Harald Rüssel

UMSCHAU

Inhalt

Liebe Leserin, lieber Leser,

Das Buch, das hier vor Ihnen liegt, ist nicht mein erstes Kochbuch. Aber es ist das erste, das ganz dem Süßen gewidmet ist. Ich möchte Ihnen meine liebsten Landrezepte für Kuchen und Desserts vorstellen. Ich möchte Sie den Duft von Äpfeln und Aprikosen riechen lassen, Ihnen Lust machen auf Kirschen und Birnen und Pflaumen und Ihnen zeigen, wie diese Früchte mit Butter und Zucker, Eiern und Milch, Sahne und Schokolade eine köstliche Verbindung eingehen. Ich gebe Ihnen mein liebstes Lebkuchenrezept und das für die flaumigsten Berliner und für die luftigsten Windbeutel. Ich präsentiere Ihnen Mehlspeisen und Gebäck. Ich zeige Ihnen Klassiker wie Hefezopf und Biskuitrolle und, dass in der süßen Küche auch die Rote Bete ihren Platz hat und kalte Süppchen nicht nur an warmen Tagen etwas Feines sind. Kurzum: Ich möchte Ihnen eine Tafel decken mit lauter guten süßen Sachen.

Ihren Ursprung haben sie alle in meiner Landküche. Zwischen Hunsrück und Mosel liegt in einem grünen Tal das Hotel und Restaurant, das ich mit meiner Frau Ruth führe. Aus einer alten Wassermühle mit einer schon längst nicht mehr betriebenen Ausflugsgaststätte haben wir vor mehr als zwanzig Jahren das Landhaus St. Urban gemacht und nach dem Schutzpatron der Winzer benannt. Zu unserem Landhaus gehören Teiche und Bachläufe, Wiesen und hohe Bäume. Ringsum ist Natur, so weit das Auge reicht. Wir können unsere Gäste nicht nur kulinarisch verwöhnen, sondern auch mit dem Erlebnis von Ruhe und Geborgenheit. Auf unserer Terrasse sitzen sie unmittelbar am Wasser, direkt am Haus beginnen ausgedehnte Spazierwege. Und in die berühmten Weinorte der Mosel ist es nicht weit zu fahren. Trier liegt nahe, die älteste Stadt Deutschlands, ebenso das elegante und beschwingte Luxemburg.

Wie für die Winzer, die alle mit dem Kreislauf der Jahreszeiten leben, hat auch für mich das Land viele Facetten, die sich in meinem Tun unmittelbar spiegeln. Ein Koch ist der Vermittler zwischen der Schöpfung und denen, die sie genießen wollen. Zu achten, was die Erde hervorbringt, und mit ihren Produkten sorgsam umzugehen, ist selbstverständlich für ihn. Und für mich heißt, mit den Händen zu greifen und zu verarbeiten, was die Natur schenkt, dass ich mich dort umsehe, wo ich bin. Eier vom Bauern in meiner Nähe, der seine Hühner frei umherlaufen lässt, Obst von den Bäumen, die in dieser Region stehen, Milch von den Kühen, die hier das saftige Gras gefressen haben: Die Produkte sind für mich der Fingerabdruck einer Region und ich sammele diese Abdrücke. Mit dem zu kochen, was das Land hergibt, ist die Grundlage der Landküche.

Ist die Landküche ein alter Zopf? Sind es Omas Rezepte, neu verkauft? Die moderne, zeitgemäße Landküche greift Bewährtes auf und verändert und ergänzt es und formt es neu. Der Begriff des Bewährten kann sich dabei sowohl auf eine Rezeptur beziehen wie auf die Zutaten. Das heißt auch, dass ich mich in meiner Umgebung immer genauer umsehe und immer mehr entdecke, das mir Lust macht, es zu verarbeiten. Muss ein Apfel um den halben Erdball gereist sein, bis er in den Kuchen kommt? Ich esse ihn lieber, wenn er hier gewachsen ist, und biete so einen auch lieber meinen Gästen an. Mir schmeckt eine süße, reif geerntete Ananas, aber auch eine Frucht wie die Pflaume, auf die ich so lange warte, bis sie hierzulande reif ist. Je öfter das Beste aus den Regionen Wertschätzung erfährt, desto mehr werden sich lokale Produzenten um diese Wertschätzung bemühen.

Wer auf dem Land zu Gast ist, genießt seine Beschaulichkeit, einen Tag, ein paar Tage lang. Wer auf dem Land lebt, lernt mit der Zeit seinen Rhythmus kennen und die Menschen, die von ihm geprägt sind, die Landwirte vor allem, hier an der Mosel auch die Imker, Metzger, Fischer und Fischzüchter. Aufzuspüren, wer das beste und wohlschmeckendste Gemüse und Obst erzeugt, wer alte Tierrassen artgerecht hält, wer in seinen Wassern die prächtigsten Forellen hat, wer guten Käse macht, bereitet mir große Freude.

Meine Küche findet auf dem Land statt und mit dem Land, und deshalb nenne ich sie auch Landküche. Einige von ihren süßen Seiten möchte ich Ihnen mit den nachfolgenden Rezepten zeigen, die ich zusammen mit meinem Patissier Johannes Schneider für Sie kreiert habe. Sie machen einfach Lust auf eine Tasse Kaffee und ein Stückchen Biskuitrolle wie früher, an heißen Tagen auch ein tolles Dessert und eine fruchtige Rieslingauslese. Ich wünsche Ihnen viel Spaß beim Lesen und beim Ausprobieren.

Ihr

Harald Rüssel

Schnelle Desserts im Glas

Schwarzwälder Kirsch im Glas

{ ERGIBT **8** PORTIONEN } 1 ½ Stunden

Kirschkompott
½ Glas Schattenmorellen
70 g Zucker
3 EL Portwein
1 Vanilleschote
1 Zimtstange
1 Sternanis
20 g Stärke

Schokoladensahne
125 g dunkle Kuvertüre
350 g Sahne
(im Sommer 1 Blatt Gelatine)

Kirschkompott

Die Kirschen in ein Sieb abgießen und den Kirschsaft auffangen. Den Zucker in einen Topf geben und leicht karamellisieren lassen. Mit Portwein ablöschen und mit dem Kirschsaft auffüllen. Vanilleschote aufschlitzen, das Mark herauskratzen. Vanillemark, ausgekratzte Vanilleschote, Zimtstange und Sternanis hinzugeben und aufkochen lassen. Die Stärke mit wenig kaltem Wasser klümpchenfrei verrühren, in den kochenden Fond einrühren und den Saft leicht abbinden. Den Sud anschließend durch ein feines Sieb passieren und mit den Kirschen mischen.

Schokoladensahne

Kuvertüre klein hacken und auf dem Wasserbad schmelzen. 250 g Sahne nicht zu steif schlagen. Die übrige Sahne in einem Topf erhitzen und in die flüssige Schokolade einarbeiten. Anschließend die geschlagene Sahne vorsichtig unterheben. Im Sommer die Gelatine in kaltem Wasser einweichen und gut ausdrücken, dann in der heißen Sahne auflösen.

Schwarzwälderkirsch im Glas (links), Eierlikörschaum mit Brownie (vorn, Rezept Seite 15) und Apfelstrudel im Glas (rechts, Rezept Seite 16)

→

→ Schwarzwälder Kirsch im Glas

Schokoladenbiskuit
6 Eier
200 g Zucker
150 g Mehl
50 g Kakaopulver
10 g Backpulver

Kirschwassersahne
1½ Blatt Gelatine
40 g Puderzucker
25 g Kirschwasser
350 g Sahne

Anrichten
4 EL dunkle
Schokoladenspäne

Schokoladenbiskuit
Den Backofen auf 180 °C vorheizen. Die Eier trennen und das Eigelb mit 50 g Zucker schaumig rühren. Die Eiweiße mit 150 g Zucker zu steifem Schnee schlagen. Den Eischnee unter das Eigelb heben. Mehl, Kakao und Backpulver vermischen und unter die Eimasse ziehen. Die Masse in eine Springform (Ø 26 cm) füllen und im Backofen 30 Minuten backen.

Kirschwassersahne
Die Gelatine in kaltem Wasser einweichen. Puderzucker und Kirschwasser in einen Topf geben und leicht erwärmen. Die Gelatine gut ausdrücken, zugeben und auflösen. Die Sahne in einer Schüssel steif schlagen und unterheben. Die Kirschwassersahne kalt stellen.

Anrichten
Schokoladenbiskuit in dünne Scheiben schneiden und 16 runde Scheiben den gewählten Gläsern entsprechend ausstechen. Kirschkompott in acht Gläser füllen und darauf eine dünne Scheibe Schokoladenbiskuit legen. Danach die Schokoladensahne in einen Spritzbeutel füllen, auf den Biskuit spritzen und nochmals eine Scheibe Biskuit darauflegen. Die Kirschwassersahne mithilfe einer Sterntülle aufspritzen und zuletzt mit dunklen Schokoladenspänen garnieren.

Eierlikörschaum mit Brownie

{ ERGIBT 8 PORTIONEN } 1 ½ Stunden

Schokoladenbrownie

100 g dunkle Kuvertüre
100 g Butter
2 Eier
140 g Zucker
45 g Mehl
30 g Kakaopulver
70 g gehackte, geröstete Haselnüsse

Eierlikörschaum

125 g Sahne
125 ml Milch
40 g Zucker
Mark von 1 Vanilleschote
4 Eigelb
1 Blatt Gelatine
50 g Eierlikör

Weiße Schokomousse

300 g weiße Schokolade
2 Blatt Gelatine
1 Ei
500 g Sahne
2 cl Haselnussgeist

Schokoladenbrownie

Den Backofen auf 180 °C vorheizen. Die Kuvertüre klein hacken. Butter und Kuvertüre auf dem Wasserbad schmelzen. Eier und Zucker mit dem Schneebesen leicht schaumig schlagen und unter die Schokoladen-Butter-Masse rühren. Mehl und Kakao sieben und unterheben. Die Browniemasse auf ein mit Backpapier ausgelegtes Backblech gießen, mit den Haselnüssen bestreuen und einen großen Brownie backen. Die Backzeit beträgt ca. 10 Minuten. Aus dem Ofen nehmen und abkühlen lassen.

Weiße Schokoladenmousse

Die Schokolade klein hacken und auf dem Wasserbad schmelzen. Die Gelatine in kaltem Wasser einweichen, anschließend gut ausdrücken und in einem Topf erhitzen, bis sie sich auflöst. Das Ei in einer Schüssel schaumig schlagen. Zuerst die flüssige Schokolade und anschließend die aufgelöste Gelatine unterarbeiten. Die Sahne steif schlagen und unterheben. Mousse mit etwas Haselnussgeist abschmecken, in Gläser füllen und kalt stellen.

Eierlikörschaum

Sahne und Milch zusammen mit dem Zucker und dem Vanillemark in einem Topf aufkochen. Die Eigelbe in einer Schüssel verrühren. Die Sahne-Milch-Mischung unter Rühren zu den Eigelben gießen. Die Masse zur Rose abziehen (Seite 150).
Die Gelatine in kaltem Wasser einweichen, dann ausdrücken. Die Sahne-Milch-Mischung durch ein feines Sieb gießen, die ausgedrückte Gelatine in der Masse auflösen und den Eierlikör untermischen. In eine Espumaflasche füllen, mit einer Patrone beladen und im Kühlschrank gut durchkühlen.

Anrichten

Den Schokoladenbrownie in mundgerechte Stücke brechen und auf der vorbereiteten Schokoladenmousse verteilen. Kurz vor dem Servieren den Eierlikörschaum aus der Espumaflasche aufspritzen. Für echte „Chocoholics" servieren Sie den Eierlikörschaum am besten mit Schokoladeneis (Rezept Seite 140).

Apfelstrudel im Glas

{ ERGIBT **8** PORTIONEN } 2 STUNDEN

Muskovadostreusel

50 g Muskovadozucker
75 g Zucker
250 g Butter
300 g Mehl
35 g Kakaopulver
40 g gemahlene Haselnüsse

Karamellisierte Strudelblätter

2 EL Butter
8 Strudelteigblätter
3 EL Puderzucker
1 Prise Zimtpulver

Geschmorter Apfelstampf

4 Äpfel (Rubinette)
5 EL Zucker
1 Vanilleschote
1 Zimtstange
Rosinen nach Belieben
2 cl Apfelsaft

Muskovadostreusel

Den Backofen auf 180 °C vorheizen. Muskovadozucker, Zucker, Butter, Mehl, Kakao und Haselnüsse in eine Schüssel geben und miteinander vermischen. Den Teig mit den Händen zu Streuseln zerkrümeln und gleichmäßig auf einem Backblech verteilen. Die Streusel ca. 10 Minuten im Backofen backen. Anschließend herausnehmen und abkühlen lassen.

Geschmorter Apfelstampf

Äpfel schälen, die Kerngehäuse entfernen. Die Äpfel in etwa 1 cm große Stücke schneiden. Zucker mit 3 TL Wasser in einem flachen, breiten Topf golden karamellisieren lassen. Vanilleschote aufschlitzen und das Mark herauskratzen und zugeben. Ausgekratzte Vanilleschote, Zimtstange, Apfelsaft, Rosinen und die Apfelstücke zugeben und mit einem Holzlöffel umrühren. Die Äpfel solange köcheln lassen, bis die Flüssigkeit im Topf verkocht ist. Anschließend abkühlen lassen.

Karamellisierte Strudelblätter

Den Backofen auf 200 °C vorheizen. Die Butter zerlassen. Die Strudelteigblätter mit flüssiger Butter bestreichen, danach mit etwas Puderzucker und Zimt bestreuen. Mit einem weiteren Strudelteigblatt bedecken und mit einem Nudelholz darüberrollen, sodass sich die Blätter fest verbinden. Nun die Strudelteigblätter beliebig auf die Größe der vorhandenen Gläser zuschneiden und im Backofen etwa 5 Minuten goldgelb backen. Herausnehmen und abkühlen lassen.

Vanillecreme

2 Eigelb
25 g Stärke
265 ml Milch
½ Vanilleschote
50 g Zucker
2 Blatt Gelatine
100 g weiße Schokolade
200 g Sahne

Vanillecreme

Zuerst eine Crème Pâtissière zubereiten, da diese die Grundlage für die Vanillecreme bildet. Dafür Eigelbe, Stärke und 1 EL Milch in einer Schüssel verrühren. Vanilleschote aufschlitzen und das Mark herauskratzen. Übrige Milch mit Zucker und der ausgekratzten Vanilleschote in einem Topf zum Kochen bringen. Die kochende Milch unter ständigem Rühren langsam unter die Eigelb-Stärke-Masse rühren. Alles aufkochen, durch ein Sieb passieren und mit Klarsichtfolie abgedeckt auskühlen lassen. Anschließend die Gelatine in kaltem Wasser einweichen, gut ausdrücken und in einem Topf erhitzen, bis sie sich auflöst. Die Schokolade klein hacken und auf dem Wasserbad schmelzen. Die flüssige Schokolade zügig unter die durchgekühlte Crème Pâtissière rühren. Direkt danach die flüssige Gelatine zugeben und unterrühren. Sollte die Masse Klumpen bilden, einfach noch einmal erwärmen. Die Sahne steif schlagen und unterheben.

Anrichten

Zuerst die Muskovadostreusel in die Gläser füllen. Direkt darauf den Apfelstampf geben. Die Vanillecreme in einen Spritzbeutel mit Lochtülle füllen und auf den Apfelstampf spritzen. Die karamellisierten Strudelblätter kurz vor dem Servieren in die Creme stecken.

TIPP

Es empfiehlt sich, alle Komponenten am Vortag zuzubereiten und erst kurz vor dem Servieren frisch in die Gläser zu füllen.

Topfenschaum mit Beeren

{ ERGIBT **8** PORTIONEN } 1 ½ Stunden zzgl. 2 Stunden Kühlzeit

Topfenschaum

250 g Quark
abgeriebene Schale von
1 unbehandelten Zitrone, Orange und Limette
Mark von 1 Vanilleschote
3-4 Eiweiß (100 g)
120 g Zucker
300 g Sahne

Mandelstreusel

50 g gehobelte Mandeln
50 g Zucker
2 Eiweiß

Beerenkompott

50 g Zucker
1 TL Stärke
250 ml Beerendirektsaft
abgeriebene Schale von
1 unbehandelten Orange
abgeriebene Schale von
1 unbehandelten Zitrone
250 g frische Beeren

Topfenschaum

Den Quark mit dem Zitrusschalenabrieb und dem Vanillemark verrühren. Die Eiweiße steif schlagen, währenddessen langsam den Zucker einrieseln lassen. Die Sahne steif schlagen. Erst das geschlagene Eiweiß unter den Quark heben und dann vorsichtig die geschlagene Sahne unterziehen. Die Masse in ein mit einem sauberen Tuch ausgelegtes Sieb geben und über Nacht im Kühlschrank abtropfen lassen.

Beerenkompott

Den Zucker in einem Topf bei mittlerer Hitze karamellisieren lassen. Stärke mit etwas Saft klümpchenfrei verrühren. Den Karamell mit dem Beerensaft ablöschen und 2 Minuten köcheln lassen. Orangen- und Zitronenabrieb zugeben. Den Saft mit der Stärke leicht abbinden und etwas auskühlen lassen. Die Beeren waschen, verlesen und je nach Größe halbieren. Die Beeren unter den leicht abgekühlten Sud ziehen.

Mandelstreusel

Den Backofen auf 180 °C vorheizen. Gehobelte Mandeln, Zucker und Eiweiß in einer Schüssel vermischen. Die Streusel auf einem Backblech verteilen und im Backofen 10 Minuten goldgelb backen. Anschließend herausnehmen und abkühlen lassen.

Anrichten

Topfenschaum und Beerenkompott abwechselnd sauber in Gläser schichten. Mit den Mandelstreuseln oder frischen Beeren garnieren.

Nussknacker

{ ERGIBT **8** PORTIONEN } 1 STUNDE ZZGL. 2 STUNDEN KÜHLZEIT

Schokoladenmousse

4 Eigelb
50 g Puderzucker
100 g Zartbitterkuvertüre
2 Blatt Gelatine
370 g Sahne

Karamellisierte Haselnüsse

120 g ganze geröstete Haselnüsse
80 g Zucker

Nuss-Sahne

90 g Vollmilchkuvertüre
280 g Sahne
40 g Nougat
2 cl Haselnussgeist

TIPP

Alle Komponenten lassen sich problemlos schon am Vortag zubereiten. Im Sommer passt zum Nussknacker eine Kugel Vanilleeis (Rezept Seite 139)!

Schokoladenmousse

Die Eigelbe mit dem Puderzucker leicht schaumig schlagen. Die Kuvertüre klein hacken und auf dem Wasserbad schmelzen. Die Gelatine in kaltem Wasser einweichen, anschließend gut ausdrücken und in einem Topf erhitzen, bis sie sich auflöst. Zuerst die flüssige Kuvertüre, anschließend die Gelatine unter die Eigelbmasse rühren. Die Sahne steif schlagen und vorsichtig unterheben. Die Schokoladenmousse anschließend direkt in Gläser füllen und kalt stellen.

Nuss-Sahne

Die Kuvertüre klein hacken. Die Sahne in einem Topf aufkochen und nach und nach die Kuvertüre mit dem Pürierstab untermixen. Nougat klein hacken, zugeben und nochmals gut durchmixen. Die Masse nach Belieben mit etwas Nussgeist abschmecken und anschließend kalt stellen.

Karamellisierte Haselnüsse

Die Haselnüsse mit dem Zucker und 1 TL Wasser in einen Topf geben und karamellisieren lassen, währenddessen mit einem Holzlöffel ständig umrühren. Beim Karamellisieren wird der Zucker so heiß, dass er zu rauchen beginnt. Dies ist nötig, damit die Nüsse knackig werden. Anschließend die Nüsse auf einem Teller ausbreiten und abkühlen lassen.

Anrichten

Die Nuss-Sahne mit dem Handrührgerät aufschlagen und in einen Spritzbeutel mit Sterntülle füllen. Auf die Mousse spritzen und mit den karamellisierten Haselnüssen garnieren.

Unser „Snickers“ im Glas

{ ERGIBT **8** PORTIONEN } 1 ½ Stunden zzgl. 12 Stunden Kühlzeit

Salzkaramell mit Erdnüssen
- 120 g Zucker
- 40 g Glukosesirup (Seite 150)
- 50 g Butter
- 100 g Crème fraîche
- 20 g Vollmilchkuvertüre
- 75 g gesalzene Erdnüsse

Erdnusscreme
- 60 g Vollmilchkuvertüre
- 250 g Sahne
- 30 g gesalzene Erdnussbutter

Schokoladenmousse
- 4 Eigelb
- 50 g Puderzucker
- 100 g Vollmilchkuvertüre
- 2 Blatt Gelatine
- 370 g Sahne

Anrichten
- 8 EL Schokoladenspäne

Salzkaramell mit Erdnüssen

Zucker, Glukosesirup und 20 ml Wasser in einen Topf geben und karamellisieren lassen. Die Butter in kleine Würfel schneiden und mit einem Holzlöffel nach und nach unterrühren. Die Hitze reduzieren, Crème fraîche zugeben und möglichst schnell unterarbeiten. Die heiße Masse vom Herd nehmen und mit dem Pürierstab die Schokolade untermixen. Zuletzt die Erdnüsse zugeben. Salzkaramell in eine Schüssel füllen und kalt stellen.

Schokoladenmousse

Die Eigelbe mit dem Puderzucker schaumig schlagen. Die Kuvertüre klein hacken und auf dem Wasserbad schmelzen. Die Gelatine in kaltem Wasser einweichen, anschließend gut ausdrücken und in einem Topf erhitzen, bis sie sich auflöst. Zuerst die flüssige Kuvertüre, dann die Gelatine unter die Eigelbmasse rühren. Danach die Sahne steif schlagen und vorsichtig unterheben. Die Schokoladenmousse kalt stellen.

Erdnusscreme

Die Kuvertüre klein hacken. Die Sahne in einem Topf aufkochen. Die Kuvertüre und die Erdnussbutter nach und nach untermixen. Die Erdnusscreme über Nacht kalt stellen und am nächsten Tag frisch aufschlagen.

Anrichten

Salzkaramell abwechselnd mit Schokoladenmousse und Erdnusscreme in Gläser füllen. Mit Schokoladenspänen garnieren.

TIPP

Beim Aufschlagen der Erdnusscreme muss man darauf achten, dass man sie nicht „überschlägt“, da sie sonst grieselig wird.

Bayerisch Coffee

{ ERGIBT **8** PORTIONEN } 2 Stunden zzgl. 2–3 Stunden Ziehzeit und 1 Tag Kühlzeit

Schokoladen-Anglaise
125 ml Milch
125 g Sahne
50 g Zucker
3 Eigelb
100 g Zartbitter-kuvertüre

Whiskeygelee
60 g Sahne
70 ml Espresso
70 g Zucker
20 g Kakaopulver
2 Blatt Gelatine
2 cl Slyrs (altenativ ein milder irischer Whiskey)

Anrichten
8 EL Whiskey

Vanillesahne
250 g Sahne
Mark von ½ Vanilleschote
75 g weiße Schokolade

Weißes Kaffee-Eis
Rezept Seite 141

Bayerisch Coffee (rechts vorne), Pfirsichkompott mit Mandelcreme (hinten Mitte, Rezept Seite 24) und Karamellisierte Schokomousse mit Apfel-Quitten-Kompott (links vorne, Rezept Seite 26)

Schokoladen-Anglaise
Die Milch mit der Sahne und dem Zucker aufkochen. Eigelbe in einer Schüssel verquirlen und die kochende Flüssigkeit unterrühren. Die Sahne-Eier-Creme zur Rose abziehen (Seite 150) und durch ein feines Sieb passieren. Die Kuvertüre klein hacken und auf dem Wasserbad schmelzen. Mit einem Stielschaber die heiße Creme nach und nach unter die flüssige Kuvertüre mischen und anschließend einige Stunden kalt stellen.

Vanillesahne
Die Sahne mit dem Vanillemark aufkochen. Die Schokolade klein hacken und mit dem Pürierstab unter die Sahne mixen. Über Nacht kalt stellen und anschließend mit einem Schneebesen aufschlagen.

Whiskeygelee
Die Sahne mit dem Espresso und dem Zucker aufkochen. Dann das Kakaopulver einrühren, dabei darauf achten, dass sich keine Klumpen bilden. Die Gelatine in kaltem Wasser einweichen, anschließend gut ausdrücken und in der heißen Sahne-Espresso-Mischung auflösen. Den Whiskey zugeben und auf Zimmertemperatur abkühlen lassen.

Anrichten
Die Schokoladen-Anglaise in Gläser oder Tassen füllen. Die aufgeschlagene Vanillesahne in einen Spritzbeutel füllen und darauf dressieren. Anschließend das Whiskeygelee daraufgießen und erkalten lassen. Den Bayerisch Coffee mit einer Kugel weißem Kaffee-Eis und einem Esslöffel Whiskey servieren.

Pfirsichkompott mit Mandelcreme

{ ERGIBT **8** PORTIONEN } 1 ½ Stunden zzgl. 1–2 Stunden Ziehzeit

Pfirsichkompott

4-5 Pfirsiche
1 Vanilleschote
2 EL Kandiszucker
4 EL Pfirsichlikör

Mandelcreme

100 g Mandelstifte oder gehobelte Mandeln
300 g Sahne
150 g weiße Schokolade

Pfirsichkompott

Den Backofen auf 160 °C vorheizen. Die Pfirsiche halbieren und den Stein entfernen. Die Vanilleschote in kleine Stücke schneiden und mit dem Kandiszucker in die Pfirsichhälften streuen, den Pfirsichlikör darüberträufeln und in Alufolie einschlagen. Die Pfirsiche im Backofen etwa 15 Minuten weich schmoren, dabei darauf achten, dass sie nicht zu weich werden. Danach etwas abkühlen lassen. Dann auspacken und die Haut abziehen. Zwei Pfirsichhälften fein pürieren, den Rest in 1 cm große Stücke schneiden und mit dem Püree vermischen. Den Pfirsichkompott kalt stellen.

Mandelcreme

Die Mandeln in einer beschichteten Pfanne ohne Fett bei schwacher Hitze goldgelb anrösten. Die Sahne zugeben und aufkochen lassen. 1–2 Stunden ziehen lassen. Anschließend durch ein Sieb gießen, zurück in den Topf füllen und ein weiteres Mal aufkochen. Die weiße Schokolade klein hacken, mit dem Pürierstab in die heiße Sahne mixen und die Masse kalt stellen. Die abgekühlte Masse anschließend mit einem Schneebesen aufschlagen.

Mandelhippen

50 g Butter
50 g Zucker
1 EL Honig
30 g Sahne
50 g gehobelte Mandeln

Karamellisierte Mandeln

180 g geröstete ganze Mandeln
120 g Zucker

Mandelhippen

Den Backofen auf 180 °C vorheizen. Butter, Zucker, Honig und Sahne aufkochen, bis die Masse leicht karamellisiert ist. Dann die Mandeln hinzugeben und untermischen. Die heiße Masse zwischen zwei Backpapieren 2 mm dünn ausrollen. Das obere Backpapier vorsichtig abziehen und die Mandeln im Backofen 12 Minuten goldbraun backen. Anschließend herausnehmen und abkühlen lassen.

Karamellisierte Mandeln

Die Mandeln etwas zerstoßen. Die Mandeln, den Zucker und 2 EL Wasser in einen Topf geben und unter ständigem Rühren karamellisieren. Die karamellisierten Mandeln luftig auf einem Backpapier verteilen und abkühlen lassen.

Anrichten

Das Kompott abwechselnd mit der Mandelcreme in Gläser füllen und zwischendurch ein paar karamellisierte Mandeln auf die einzelnen Schichten streuen. Die Mandelhippen in Stücke brechen und in das Dessert stecken.

Karamellisierte Schokomousse mit Apfel-Quitten-Kompott

{ ERGIBT **8** PORTIONEN } 1 STUNDE ZZGL. 1 STUNDE KÜHLZEIT

Karamellisierte Schokomousse

300 g weiße Schokolade
2 Blatt Gelatine
1 Ei
500 g Sahne

Anrichten

8 EL Schokoladenspäne

Apfel-Quitten-Kompott

100 g Zucker
400 ml Apfel- oder Quittensaft
1 ausgekratzte Vanilleschote
1 Zimtstange
2 Quitten
2 Äpfel

Karamellisierte Schokomousse

Den Backofen auf 160 °C vorheizen. Die Schokolade klein hacken, auf einem Backblech ausbreiten und im Backofen etwa 5–10 Minuten karamellisieren lassen. Die Gelatine in kaltem Wasser einweichen und anschließend gut ausdrücken. Die karamellisierte Schokolade noch heiß durch ein feines Sieb passieren. Zuerst die Schokolade, dann die aufgelöste Gelatine unter das aufgeschlagene Ei rühren. Die Sahne steif schlagen und nach und nach unterheben. Die Schokomousse kalt stellen.

Apfel-Quitten-Kompott

Den Zucker in einem Topf bei mittlerer Hitze leicht karamellisieren lassen. Mit dem Quittensaft ablöschen, Vanilleschote und Zimtstange zugeben und leicht köcheln lassen. Die Quitten schälen und das Kerngehäuse entfernen. Quitten in zeigefingerdicke Stücke schneiden, in den Fond geben und 15 Minuten köcheln lassen. Die Äpfel schälen, das Kerngehäuse entfernen, klein schneiden und ebenfalls zugeben. Die Früchte solange köcheln lassen, bis sie gar sind und die Flüssigkeit verkocht ist. Anschließend kalt stellen.

Anrichten

Die Schokomousse in einen Spritzbeutel füllen und abwechselnd mit dem Kompott in Gläser füllen, dabei mit der Mousse abschließen. Jedes Glas mit ein paar Schokoladenspänen ausgarnieren.

Exotenmousse mit Gewürzcrumble

{ ERGIBT **8** PORTIONEN } 1 Stunde zzgl. 20 Minuten Kühlzeit

Kokos-Zitronengras-Mousse

300 g Kokosmilch
150 g Zucker
2 Zitronengrasstängel
Saft und abgeriebene Schale von 2 unbehandelten Limetten
3½ Blatt Gelatine
300 g Sahne

Gewürzcrumble

100 g handwarme Butter
100 g Zucker
200 g Mehl
½ TL Zimtpulver
½ TL Kardamompulver
abgeriebene Schale von 1 unbehandelten Limette

Ananasragout

¼ Ananas
50 g brauner Zucker
20 ml Rum
1 EL Stärke

Kokos-Zitronengras-Mousse

Die Kokosmilch mit dem Zucker aufkochen. Die äußeren, harten Blätter vom Zitronengras entfernen. Das restliche Zitronengras klein schneiden. Limettensaft, Limettenabrieb und Zitronengras zur Kokosmilch geben und 5 Minuten köcheln lassen. 30 Minuten ziehen lassen und danach durch ein feines Sieb gießen.

Die Gelatine in kaltem Wasser einweichen, anschließend gut ausdrücken und in der heißen Kokosmilch auflösen und auf Raumtemperatur abkühlen lassen. Zuletzt die Sahne steif schlagen und unterheben. Die Kokos-Zitronengras-Mousse in Gläser füllen und kalt stellen.

Ananasragout

Die Ananas schälen, den faserigen Strunk herausschneiden und das Fruchtfleisch in 2 cm große Würfel schneiden. Den braunen Zucker in einem Topf karamellisieren lassen. Die Ananaswürfel zugeben, kurz anschwitzen und mit Rum ablöschen. Die Stärke mit wenig kaltem Wasser klümpchenfrei verrühren, in den kochenden Fond einrühren und den Saft leicht abbinden. Anschließend das Ananasragout abkühlen lassen.

Gewürzcrumble

Den Backofen auf 185 °C vorheizen. Butter, Zucker, Mehl, Zimt, Kardamom und Limettenabrieb in eine Schüssel geben und miteinander vermischen, bis bröselige Streusel entstehen. Die Streusel auf einem Backblech verteilen und im Backofen 10 Minuten backen. Anschließend herausnehmen und leicht abkühlen lassen.

Anrichten

Das Ananasragout auf die Kokos-Zitronengras-Mousse geben und mit Gewürzcrumble garnieren.

Gebrannte Eiercreme mit Rosmarin und Aprikosen

{ ERGIBT **8** PORTIONEN } 1 ½ STUNDEN

560 g Sahne
6 EL Milch
2 EL Rosmarinnadeln
8 Eigelb
200 g Zucker
2 EL Honig
8 Aprikosen
brauner Zucker zum Karamellisieren

Sahne und Milch aufkochen, die Rosmarinnadeln zugeben und 10 Minuten ziehen lassen. Anschließend durch ein feines Sieb gießen, zurück in den Topf füllen und aufkochen. Die Eigelbe mit dem Zucker und dem Honig in einer Schüssel verrühren. Die heiße Sahne langsam unter die Eigelb-Zucker-Masse mischen. Den Backofen auf 150 °C vorheizen. Die Aprikosen waschen, halbieren, entkernen und in ca. 2 cm große Stücke schneiden. Aprikosenstücke in die Eiercreme rühren und noch warm in hitze-beständige Gläschen füllen. Ein tiefes Backblech mit etwas Wasser füllen, die Gläschen auf das Blech stellen und die Eiercreme im Backofen 40–45 Minuten backen. Anschließend herausnehmen und abkühlen lassen.
Die Eiercreme nach dem Erkalten mit etwas braunem Zucker bestreuen und mit einem Bunsenbrenner abflämmen.

TIPP

Die fertig gebackene Eiercreme kann man problemlos schon am Vortag zubereiten. Sie sollte beim Servieren allerdings nicht zu kalt sein.

Gebrannte Eiercreme mit Rosmarin und Aprikosen (links), Amaranthcreme mit Kirschragout (rechts, Rezept Seite 30) und Vanillecreme mit Kardamom-Mandarinen-Kompott (Mitte, Rezept Seite 31).

Amaranthcreme mit Kirschragout

{ ERGIBT 8 PORTIONEN } 1 STUNDE ZZGL. 1 TAG KÜHLZEIT

Amaranthcreme
500 g Sahne
150 g weiße Schokolade
Mark von 1 Vanilleschote
50 g Amaranth

Anrichten
Kirschen und frische Kräuter zum Garnieren

Kirschragout
75 g Zucker
200 ml Kirschsaft
1 ausgekratzte Vanilleschote
1 Zimtstange
20 g Stärke
500 g Kirschen

Amaranthcreme
Bereits am Vortag die Creme vorbereiten: Hierfür die Sahne aufkochen. Die Schokolade klein hacken und zusammen mit dem Vanillemark nach und nach unter die Sahne mixen. Die Masse über Nacht kalt stellen. Am nächsten Tag den Amaranth in Wasser aufkochen und 5 Minuten kochen lassen. In einem feinen Sieb abtropfen und anschließend abkühlen lassen. Nach dem Erkalten den Amaranth in die Creme einrühren, dann mit einem Schneebesen steif schlagen.

Kirschragout
Den Zucker mit 1 TL Wasser in einem Topf leicht karamellisieren lassen, mit Kirschsaft ablöschen und die Vanilleschote und die Zimtstange zugeben. Die Flüssigkeit ca. 5 Minuten köcheln lassen, Vanilleschote und Zimtstange entfernen. Die Stärke mit wenig Wasser klümpchenfrei verrühren und damit den Fond leicht abbinden. Die Kirschen waschen, halbieren und entkernen. Die Kirschen in den heißen Fond geben und anschließend abkühlen lassen.

Anrichten
Das Kirschragout in die Gläser füllen, bis der Boden bedeckt ist. Die Amaranthcreme daraufgeben und mit frischen Kräutern und Kirschen ausgarnieren.

Vanillecreme mit Kardamom-Mandarinen-Kompott

{ ERGIBT 8 PORTIONEN } 30 Minuten zzgl. 1 Stunde Kühlzeit

Vanillecreme

4 Eigelb
50 g Stärke
1 Vanilleschote
500 ml Milch
100 g Zucker
2 Eiweiß

Anrichten

frische Minzeblättchen

Kardamom-Mandarinen-Kompott

6 Mandarinen
50 g Zucker
50 ml Weißwein
½ ausgekratzte Vanilleschote
5 Kardamomkapseln
1 EL Stärke

Vanillecreme

Die Eigelbe mit Stärke und 2 EL Milch klümpchenfrei verrühren. Die Vanilleschote längs halbieren, das Mark herauskratzen. Mark und Schote mit der Milch und dem Zucker aufkochen und mit einem Schneebesen in die Eigelb-Stärke-Masse einrühren. Mindestens 1 Minute unter ständigem Rühren kochen lassen. Den Vanillepudding durch ein feines Sieb streichen. Das Eiweiß steif schlagen und unter die noch heiße Masse heben. Anschließend abkühlen lassen.

Kardamom-Mandarinen-Kompott

Drei Mandarinen halbieren und auspressen. Zucker und 1 EL Wasser in einem Topf karamellisieren lassen, mit Weißwein ablöschen, dann den Mandarinensaft zugeben. Die Kardamomkapseln fein mörsern und mit der ausgekratzten Vanilleschote in dem Mandarinensud 10 Minuten ziehen lassen. Die restlichen Mandarinen schälen und in ca. 1 cm große Stücke schneiden. Den Mandarinensud durch ein Sieb gießen, dann zurück in den Topf füllen und zum Kochen bringen. Stärke mit etwas Wasser klümpchenfrei verrühren und den Mandarinensaft damit leicht abbinden. Den Sud 5 Minuten abkühlen lassen, dann die Mandarinenstücke hinzufügen.

Anrichten

Die Vanillecreme in einen Spritzbeutel mit Sterntülle füllen, in die Gläser dressieren und kurz vor dem Servieren mit dem Kardamom-Mandarinen-Kompott und je einem Minzeblatt garnieren.

Pfirsich Melba im Glas

{ ERGIBT **8** PORTIONEN } 1 ½ Stunden zzgl. 12 Stunden Kühlzeit

Vanillesahne

- 1 Vanilleschote
- 250 g Sahne
- 75 g weiße Schokolade
- 1 Blatt Gelatine

Himbeermousse

- 250 g Himbeeren
- 50 g Puderzucker
- Saft von 1 Zitrone
- 2 Blatt Gelatine
- 180 g Sahne

Vanillesahne

Die Vanilleschote aufschlitzen und das Mark herauskratzen. Die Sahne mit dem Vanillemark und der ausgekratzten Vanilleschote aufkochen. Die Schokolade klein hacken. Die Vanilleschote herausnehmen, die Sahne in ein hohes Rührgefäß füllen und mit dem Pürierstab die Schokolade untermixen. Über Nacht im Kühlschrank abkühlen lassen. Am nächsten Tag die Vanillesahne mit dem Handrührgerät aufschlagen, bis sie steif ist. Die Gelatine in kaltem Wasser einweichen, anschließend gut ausdrücken und in einem Topf erhitzen, bis sie sich auflöst. Gelatine unter die Vanillesahne rühren und diese bis zum Anrichten kalt stellen.

Himbeermousse

Die Himbeeren waschen, verlesen, in ein hohes Rührgefäß füllen und mit dem Pürierstab fein mixen, ohne die Kerne zu zerstören. Anschließend das Himbeerpüree durch ein feines Sieb streichen. Das Püree mit dem Puderzucker in einen Topf geben und leicht erwärmen. Mit etwas Zitronensaft abschmecken. Die Gelatine in kaltem Wasser einweichen, anschließend gut ausdrücken und im Himbeerpüree auflösen. Das Püree auf Raumtemperatur abkühlen lassen. Die Sahne steif schlagen und vorsichtig unterheben.

TIPP

Die Vanillesahne können Sie problemlos einige Tage zuvor kochen und im Kühlschrank aufbewahren.

Pfirsichragout

- 4 gelbe reife Pfirsiche
- 75 g Kandiszucker
- 40 ml Pfirsichlikör
- 1 TL Stärke
- 1 Vanilleschote
- 1 Zimtstange

Pfirsichragout

Den Backofen auf 160 °C vorheizen. Die Pfirsiche halbieren und den Stein entfernen. Je nach Größe 2–3 Stücke Kandiszucker in die Vertiefung der Pfirsichhälften legen und mit etwas Pfirsichlikör beträufeln. Die Vanilleschote halbieren und in 1 cm große Stücke schneiden. Ein Stück Alufolie ausbreiten und die Pfirsichhälften darauflegen. Die Vanillestücke und die zerbrochenen Zimtstücke dazulegen. Pfirsiche in Alufolie einschlagen und auf ein Backblech legen.
Pfirsiche im Backofen 10–15 Minuten (je nachdem wie reif die Pfirsiche sind) weich schmoren, dabei darauf achten, dass die Hälften nicht breiig werden. Herausnehmen und etwas abkühlen lassen. Die weichen Pfirsiche auspacken, schälen und in etwa 2 cm große Stücke schneiden. Den austretenden Saft auffangen und aufkochen. Die Stärke mit wenig kaltem Wasser klümpchenfrei verrühren, in den kochenden Fond geben und leicht abbinden. Die Pfirsichstücke zugeben, das Ragout kurz durchrühren und abkühlen lassen.

Anrichten

Die Himbeermousse in einen Spritzbeutel mit Lochtülle füllen. Die Gläser zu einem Drittel mit Himbeermousse füllen und 2 Stunden kalt stellen. Dann das Pfirsichkompott darauf verteilen. Die Vanillesahne in einen Spritzbeutel mit Sterntülle füllen und auf dem Pfirsichkompott verteilen. Nach Belieben mit Himbeeren, gerösteten Mandeln, Amarettini oder Himbeersauce garnieren.

Warme Landdesserts

Warme Apfelschlupfer

{ ERGIBT **8** PORTIONEN } 45 Minuten

Apfelschlupfer

1 Apfel
10 ml Apfelbrand
200 g Brioche oder süßes Brot
200 g Baumkuchen
3 Eier
1 EL Schmand
Mark von 1 Vanilleschote
100 g Zucker
50 g Rosinen
10 ml Rum
1 Prise Salz
200 ml Vollmilch
1 Prise Zimtpulver
1 TL Kastanienhonig
10 g Butter

Vanillesauce

250 g Sahne
250 ml Milch
Mark von 1 Vanilleschote
7 Eigelb
75 g Zucker

Apfelschlupfer

Den Apfel schälen, das Kerngehäuse entfernen und den Apfel in 5 mm große Stücke schneiden. Apfelstücke in einen Topf geben, anschwitzen, mit Apfelbrand ablöschen und beiseitestellen. Brioche und Baumkuchen in 1,5 cm große Würfel schneiden und in eine Schüssel füllen. Die Eier trennen. Die Eigelbe, den Schmand, das Vanillemark und 40 g Zucker in einer Schüssel verrühren. Rosinen mit dem Rum in einem Topf erhitzen und kalt werden lassen.

Den Backofen auf 180 °C vorheizen. Das Eiweiß mit etwas Zucker und dem Salz aufschlagen. Die Milch in einem Topf erhitzen, Zimt und Kastanienhonig einrühren und über die Brioche- und Baumkuchenwürfel gießen. Danach die Schmandmasse, die Äpfel und die Rosinen zugeben und verrühren. Zuletzt den Eischnee unterheben. Förmchen oder Espressotassen buttern und zuckern. Zucker anschließend wieder ausschütten. Die Schlupfermasse in die Espressotassen füllen. Ein tiefes Backblech mit etwas Wasser füllen, die Tassen daraufsetzen und die Apfelschlupfer im Backofen 20 Minuten backen.

Vanillesauce

Die Sahne mit der Milch und dem Vanillemark aufkochen. Die Eigelbe mit dem Zucker aufschlagen und die kochende Flüssigkeit unterrühren. Die Masse zur Rose abziehen (Seite 150).

Anrichten

Die Apfelschlupfer aus dem Ofen nehmen, aus den Tassen auf Teller stürzen und mit lauwarmer Vanillesauce servieren.

Landart-Schmarrn mit Aprikosen

{ ERGIBT **8** PORTIONEN } 20–30 MINUTEN

6 Eigelb
160 ml Milch
160 g Mehl
180 g Puderzucker
2 EL Honig
Mark von ½ Vanilleschote
1 Msp. Zimtpulver
abgeriebene Schale von ½ unbehandelten Limette
6 Eiweiß
1 Prise Salz
6 Aprikosen
60 g gehobelte, geröstete Mandeln
Butter und Zucker für die Form
Puderzucker

Anrichten
20 g gehobelte Mandeln, geröstet

TIPP

Der Landart-Schmarrn schmeckt prima nach einem schönen Herbst- oder Winterspaziergang. Anstatt Aprikosen passen auch wunderbar Äpfel oder Birnen. Nach Belieben kann man Rosinen, die man zuvor in etwas Rum eingeweicht hat, in den Teig einrühren.

Den Backofen auf 180 °C vorheizen. Eigelbe mit der Milch verrühren, dann das Mehl langsam hinzugeben und klümpchenfrei einrühren. Die Hälfte des Puderzuckers, den Honig, das Vanillemark, den Zimt und den Limettenabrieb hinzufügen. Möglichst vorsichtig arbeiten, sodass keine Klümpchen entstehen. Die Eiweiße und das Salz mit dem restlichen Puderzucker steif schlagen. Den Eischnee unter den Teig heben. Die Aprikosen halbieren, entkernen und in 1 cm große Stücke schneiden. Etwas Butter in einer heißen Pfanne auslassen und den Teig in die Pfanne geben. Bei mittlerer Hitze 1–2 Minuten auf dem Herd golden anbraten. Die Mandeln mit den Aprikosenstücken auf der Masse verteilen und alles für 10 Minuten im vorgeheizten Backofen backen.

Den Landart-Schmarrn aus dem Ofen nehmen und den Backofen auf Oberhitze stellen. Den Schmarrn mit reichlich Puderzucker bestreuen und in der Pfanne mit zwei Paletten zerpflücken. Nochmals mit Puderzucker bestreuen, zurück in den Backofen schieben und karamellisieren lassen.

Anrichten

Den Landart-Schmarrn auf Teller verteilen und mit gerösteten Mandeln und Puderzucker ausgarnieren. Dazu können Sie Vanillesauce (Rezepte Seite 37) oder weißes Kaffee-Eis (Rezept Seite 141) servieren.

Warme Schokoladenküchlein mit flüssigem Kern

{ ERGIBT **8** PORTIONEN } 30 MINUTEN

Warme Schokoladenküchlein

60 g Zartbitter-Kuvertüre
60 g Butter
2 Eier
60 g Zucker
35 g Mehl
8 kleine Stücke Kuvertüre

Warme Vanilleschaumsauce

1 Vanilleschote
250 ml Milch
250 g Sahne
75 g Zucker
6 Eigelb

Warme Schokoladenküchlein

Den Backofen auf 200 °C vorheizen. Die Kuvertüre klein hacken. Acht kleine Stücke Kuvertüre beiseitelegen. Butter und übrige Kuvertüre miteinander auf dem Wasserbad schmelzen. Die Eier und den Zucker mit einem Schneebesen in einer Schüssel leicht schaumig schlagen, dann die Kuvertüre-Butter-Mischung und das Mehl unterheben. Die Masse in kleine, mit Backpapier ausgelegte Ringe (Ø 4 cm) füllen und jeweils ein kleines Stück Kuvertüre leicht in den Teig drücken. Die Schokoladenküchlein auf ein Backblech setzen und 8–10 Minuten im Backofen backen.

Warme Vanilleschaumsauce

Die Vanilleschote aufschlitzen und das Mark herauskratzen. Milch, Sahne und Zucker mit dem Vanillemark und der ausgekratzten Vanilleschote aufkochen. Die Eigelbe mit dem Schneebesen verrühren und die kochende Milch unter Rühren zugeben. Die Mischung zur Rose abziehen (Seite 150). Die Sauce durch ein feines Sieb gießen und abkühlen lassen.

Anrichten

Schokoladenküchlein aus dem Ofen nehmen, vorsichtig die Ringe und das Backpapier entfernen und in die Mitte der Teller setzen. Die warme Vanillesauce mit dem Pürierstab aufschäumen und dazu servieren.

TIPP

Gerne kann man die Schokoladenküchlein auch einfrieren und gefroren backen. Die Backzeit verlängert sich dann um ca. 5 Minuten. Auch ein Fruchtkompott passt prima zu den warmen Schokoladenküchlein.

Topfenknödel mit Rhabarberkompott

{ ERGIBT **8** PORTIONEN } 50 Minuten

Topfenknödel

100 g Brioche oder süßes Brot
30 g Butter
40 g Zucker
Mark von ½ Vanilleschote
1 Prise Zimt
abgeriebene Schale von 1 unbehandelten Zitrone
2 Eier
1 Eigelb
250 g Semmelbrösel
250 g Quark
1 l Milch
5 EL Zucker

Anrichten

75g Butter
5 EL Semmelbrösel

Rhabarberkompott

400 g Rhabarber
250 g Zucker
200 ml Rhabarbersaft
Mark von ½ Vanilleschote
50 g tiefgekühlte Himbeeren

Topfenknödel

Brioche in kleine Würfel schneiden und in einer beschichteten Pfanne kurz anrösten. Die Butter mit dem Zucker in einer Schüssel schaumig rühren. Vanillemark, Zimt und den Zitronenabrieb hinzugeben, dann die Eier und das Eigelb unterarbeiten. Danach die Semmelbrösel und den Quark unterheben. Zum Schluss die angerösteten Briochewürfel unterheben. Die Milch erhitzen und mit wenig Zucker süßen. Mit angefeuchteten Händen aus der Topfenmasse Knödel formen und in der gezuckerten Milch ca. 8 Minuten bei unter 80 °C gar ziehen lassen. Die Knödel mit einer Schaumkelle aus der Milch nehmen.

Rhabarberkompott

Den Rhabarber waschen, schälen und in 2 cm große Stücke schneiden. Zucker in einem Topf erhitzen und karamellisieren lassen. Mit dem Rhabarbersaft ablöschen und leicht köcheln lassen. Vanillemark, und tiefgekühlte Himbeeren hinzufügen. Alles mit dem Pürierstab mixen, anschließend durch ein Sieb passieren und wieder zurück in den Topf füllen. Den Rhabarber in den Fond geben und 10 Minuten gar ziehen lassen. Anschließend vom Herd nehmen und abkühlen lassen.

Anrichten

Butter in einer Pfanne aufschäumen und die Semmelbrösel hineingeben. Rhabarberkompott auf den Teller geben, darauf je einen Topfenknödel setzen und mit der Schmelze garnieren.

Gebackene Grießkrapfen mit Blaubeeren

{ ERGIBT **8** PORTIONEN } 1 STUNDE

Grießkrapfen

500 ml Milch
80 g Zucker
125 g Butter
Mark von ½ Vanilleschote
125 g Grieß
2 Eier
abgeriebene Schale von 1 unbehandelten Zitrone und 1 unbehandelten Orange
1 Msp. Zimtpulver
10 ml Orangenbrand
Semmelbrösel
Pflanzenöl zum Frittieren
Puderzucker

Blaubeeren

100 g Zucker
75 ml roter Traubensaft
10 g Stärke
abgeriebene Schale von 1 unbehandelten Zitrone
1 Spritzer Zitronensaft
10 ml Trester
1 TL Honig
180 g Blaubeeren

TIPP

Die frisch panierten Grießnocken kann man problemlos einfrieren, somit hat man im Handumdrehen ein tolles Dessert.

Grießkrapfen

Milch, Zucker, Butter und Vanillemark aufkochen. Den Grieß einrieseln lassen und gut abbrennen (Seite 150). Den Grießbrei aus dem Topf nehmen, kurz abkühlen lassen, dann die Eier nach und nach unterarbeiten. Die Zitrusabriebe, den Zimt und den Orangenbrand unterrühren. Grießbrei kalt stellen. Von dem abgekühlten Grießbrei mit einem Esslöffel Nocken abstecken und in den Semmelbröseln wälzen. Einen Topf mit Pflanzenöl auf 180 °C erhitzen. Die Grießnocken hineingeben und ausbacken. Die Grießkrapfen zum Entfetten auf Küchenpapier legen und anschließend mit Puderzucker bestäuben.

Blaubeeren

Zucker in einen Topf geben und karamellisieren lassen und mit Traubensaft ablöschen. Stärke mit wenig Flüssigkeit klümpchenfrei verrühren und den Saft damit abbinden. Zitronenabrieb, Zitronensaft, Trester und Honig hinzufügen. Die Beeren waschen und verlesen und in die heiße Sauce geben.

Anrichten

Das lauwarme Blaubeerkompott in tiefe Teller füllen und die Grießkrapfen seitlich anlegen. Nach Belieben Schmandeis (Rezept Seite 98) mit einem Löffel abnocken und auf das Blaubeerkompott setzen.

Kirschtartelettes

{ Ergibt **8** Portionen } 1 Stunde

Mürbeteig (Rezept Seite 93)
80 g Butter
60 g Zucker
120 g Marzipan
2 Eier
1 Eigelb
30 g Mehl
200 g Kirschen

Anrichten
Puderzucker
200 g geschlagene Sahne

Den Backofen auf 180 °C (Umluft) vorheizen. Den Mürbeteig nach Rezept vorbereiten und 30 Minuten kalt stellen. Anschließend 3 mm dünn ausrollen und acht kleine Tartelette-formen (Ø 6 cm) damit auslegen.
Butter und Zucker schaumig schlagen. Marzipan in der Mikrowelle leicht erwärmen, nach und nach unter die Zucker-Butter-Masse rühren, bis es sich komplett aufgelöst hat. Nun die Eier und das Eigelb hinzufügen. Zum Schluss das Mehl unterheben. Die Mürbeteigtartelettes mit der Marzipanmasse füllen. Kirschen waschen, halbieren und entsteinen. Auf die Masse fallen lassen und 15–20 Minuten im Backofen backen. Anschließend herausnehmen und abkühlen lassen.

Anrichten

Zum Anrichten die Aufläufe aus den Förmchen lösen, auf Teller legen, mit Puderzucker bestäuben und mit geschlagener Sahne servieren.

Mirabellentörtchen mit Honig-Thymian-Eis

{ ERGIBT **8** PORTIONEN } 1 ½ Stunden zzgl. 2 Stunden Kühlzeit

Mandelstreusel

50 g Zucker
1 Eiweiß
50 g gehobelte Mandeln

Mirabellentörtchen

Bretonischer Mürbeteig (Rezept Seite 82)
300 g Mirabellen

Honig-Thymian-Eis

250 g Sahne
250 ml Milch
60 g Zucker
3 EL Honig
1 EL Thymianblättchen
7 Eigelb

Mandelstreusel

Zucker, Eiweiß und gehobelte Mandeln in einer Schüssel mischen und anschließend kalt stellen.

Honig-Thymian-Eis

Sahne, Milch, Zucker und Honig in einem Topf aufkochen. Die Thymianblättchen hinzugeben und 30 Minuten ziehen lassen. Dann die Masse durch ein feines Sieb gießen und ein weiteres Mal aufkochen. Die Eigelbe in einer Schüssel verrühren. Die heiße Sahne-Milch-Mischung unter die Eigelbe rühren und zur Rose abziehen (Seite 150), im Kühlschrank abkühlen lassen und zum Schluss in einer Eismaschine gefrieren.

Mirabellentörtchen

Den Mürbeteig nach Rezept zubereiten und 30 Minuten kalt stellen. Den Backofen auf 180 °C vorheizen.
Den Teig dann etwa 4 mm dünn ausrollen. Kleine Muffin- oder Kuchenförmchen mit dem dünn ausgerollten Mürbeteig auslegen. Die Mirabellen waschen, halbieren und entkernen. Auf dem Mürbeteig verteilen, bis die Förmchen zur Hälfte gefüllt sind. Zum Schluss mit den Mandelstreuseln bedecken. Die Mirabellentörtchen im Backofen 15 Minuten backen. Anschließend herausnehmen und abkühlen lassen.

Anrichten

Die Mirabellentörtchen auf Teller geben. Das Honig-Thymian-Eis mit einem erwärmten Esslöffel abnocken und daneben setzen. Mit lauwarmer Karamellsauce (Rezept Seite 68) servieren.

Warme Nougatkrapfen

{ ERGIBT **8** PORTIONEN } 1 ½ Stunden

100 ml lauwarme Milch
15 g Hefe
300 g Mehl
1 Eigelb
1 Ei
30 g weiche Butter
30 g Zucker
30 g Sahne
Mark von 1 Vanilleschote
Pflanzenöl zum Frittieren
100 g weicher spritzfähiger Nougat
Zucker zum Wenden

Die lauwarme Milch in eine Rührschüssel füllen und die Hefe darin auflösen. Etwas Mehl unterrühren, bis eine gebundene Masse entsteht. Den Vorteig 15 Minuten an einem warmen Ort gehen lassen. Anschließend das restliche Mehl, Eigelb, Ei, Butter, Zucker, Sahne und Vanillemark zugeben und zu einem glatten Teig kneten. Den Krapfenteig in Stücke à 20 g teilen und zu Kugeln formen. Dabei darauf achten, dass die Oberfläche glatt ist. Die Kugeln auf ein bemehltes Tuch legen und ein weiteres Mal gehen lassen, bis sie ihr Volumen verdoppelt haben. Reichlich Öl in einem breiten Topf erhitzen und die Krapfen darin von beiden Seiten frittieren. Anschließend herausnehmen und zum Entfetten auf Küchenpapier setzen. Den weichen Nougat in einen Spritzsack geben, die Krapfen füllen und nach Belieben in etwas Zucker wenden.

TIPP

Dazu passt Geschmorter Apfelstampf (Rezept Seite 16), Nuss-Sahne (Rezept Seite 20) und Vanilleeis (Rezept Seite 139)

Windbeutel mit warmen Beeren und Kaffeecreme

{ ERGIBT **8** PORTIONEN } 1 ½ STUNDEN

Brandteig
125 g Milch
5 g Salz
10 g Zucker
110 g Butter
140 g Mehl, gesiebt
4-5 Eier

Blaubeerkompott
100 g Zucker
200 ml Rotwein
1 ausgekratzte Vanille-schote
abgeriebene Schale von ½ unbehandelten Zitrone und ½ unbehandelten Orange
20 g Stärke
400 g Blaubeeren

Brandteig

Milch, 125 ml Wasser, Salz, Zucker und Butter in einem flachen Topf aufkochen, das Mehl hinzugeben und mit einem Holzlöffel unterrühren. Bei mittlerer Hitze die Masse im Topf abbrennen. Die Brandmasse aus dem Topf nehmen und in einer Schüssel abkühlen lassen, bis der Teig lauwarm ist. Den Backofen auf 200 °C vorheizen. Die Eier verquirlen und mit dem Holzlöffel nach und nach unter den abgekühlten Teig mischen. Alles zu einer glatten Masse verarbeiten. Das Backblech fetten und mit etwas Mehl bestäuben. Mit einem Spritzbeutel gleichmäßige Rosetten auf das Blech dressieren und die Windbeutel im Backofen 15–20 Minuten backen. Anschließend herausnehmen und abkühlen lassen.

Blaubeerkompott

Den Zucker in einen Topf geben und leicht karamellisieren lassen. Den Karamell mit dem Rotwein ablöschen. Vanilleschote und die Zitrusabriebe zugeben und einige Minuten köcheln lassen. Die Stärke mit wenig kaltem Wasser klümpchenfrei verrühren, in den kochenden Fond einrühren und leicht abbinden. Die Beeren waschen, verlesen und unter die heiße Sauce mischen. Anschließend das Blaubeerkompott vom Herd nehmen und abkühlen lassen.

→

→ # Windbeutel mit warmen Beeren und Kaffeecreme

Kaffeecreme

250 ml Milch
50 g Zucker
Mark von ½ Vanilleschote
25 g Stärke
2 Eigelb
75 g weiße Schokolade
200 g Sahne
3 Blatt Gelatine
1 Tasse Espresso

Kaffeecreme

Milch und Zucker mit dem Vanillemark in einem Topf aufkochen. Die Stärke mit dem Eigelb in einer Schüssel verrühren. Die heiße Milch unter die Eigelb-Stärke-Mischung rühren. Die Mischung wieder zurück in den Topf füllen und unter ständigem Rühren aufkochen. Anschließend durch ein feines Sieb gießen. Sofort mit Klarsichtfolie abdecken und kalt stellen. Die Schokolade klein hacken und auf dem Wasserbad schmelzen. Die Sahne steif schlagen. Die Gelatine in kaltem Wasser einweichen, anschließend gut ausdrücken und in einem Topf erhitzen, bis sie sich auflöst. Die erkaltete Vanillecreme glatt rühren und zuerst die warme Schokolade einrühren, danach die aufgelöste Gelatine mit dem Espresso untermischen. Zuletzt die geschlagene Sahne unterheben. Die Kaffeecreme kalt stellen.

Anrichten

Die Windbeutel aufschneiden und die Kaffeecreme mithilfe eines Spritzbeutels einfüllen. Die Windbeutel mit dem warmen Blaubeerkompott servieren.

Landart-Buchteln mit Pinienkernen

{ ERGIBT **8** PORTIONEN } 1 ½ STUNDEN

80 ml Milch
20 g Hefe
350 g Mehl
2 Eier
50 g Puderzucker
1 TL Honig
50 g handwarme Butter
40 g Pinienkerne, geröstet
1 Msp. Zimtpulver
1 Msp. gemahlener Kardamom
1 Msp. Vanillemark
abgeriebene Schale von 1 unbehandelten Limette
Butter und Zucker für die Form

Die Milch leicht erwärmen und die Hefe darin auflösen.
100 g Mehl unterrühren, bis eine gebundene Masse entsteht.
Den Vorteig mit einem Tuch abdecken und 15 Minuten an einem warmen Ort gehen lassen.
Die Eier mit dem Puderzucker und dem Honig verrühren. Dann die Butter mit einem großem Schneebesen unterarbeiten. Pinienkerne, Zimt, Kardamom, Vanillemark und den Limettenabrieb hinzufügen. Dann den Vorteig und das restliche Mehl unter die Eiermasse kneten. Den Teig zugedeckt 15 Minuten an einem warmen Ort gehen lassen.
Den Backofen auf 180 °C vorheizen. Den Teig vorsichtig auf eine mehlierte Arbeitsfläche legen und einmal kurz mit dem Rollholz darüberfahren. Mit einem runden Ausstecher (Ø 3,5 cm) Buchteln abstechen und nebeneinander in eine gebutterte und gezuckerte Form oder auf ein Kuchenblech legen. Nochmals 20 Minuten gehen lassen und anschließend im Backofen 20 Minuten backen. Nach dem Backen herausnehmen und etwas abkühlen lassen. Warm servieren.

Anrichten

Zu den Buchteln passt Vanilleeis (Rezept Seite 139) und/oder eine Vanille-Rum-Sauce.

Safran-Reis

Safranreis mit Orangeneis

{ ERGIBT **8** PORTIONEN } 1 ½ STUNDEN ZZGL. 2 STUNDE KÜHLZEIT

Safranreis

400 g Rundkornreis
1 l Milch
50 g Butter
150 g Zucker
2 unbehandelte Orangen
½ TL Safran

Orangeneis

150 g Sahne
25 g Glukosesirup (Seite 150)
70 g Zucker
Saft und abgeriebene Schale von 2 unbehandelten Orangen
5 Eigelb
250 g Sauerrahm

Safranreis

Reis, Milch, Butter und Zucker in einen Topf geben und aufkochen. Währenddessen immer wieder vorsichtig umrühren, damit der Milchreis nicht anbrennt. Die Orangen heiß abwaschen, trocken reiben und die Schale abreiben. Anschließend mit einem scharfen Messer großzügig die Schale herunterschneiden und die Orangen filetieren. Den Milchreis 20 Minuten garen und kurz vor Ende der Garzeit den Safran und den Orangenabrieb hinzugeben. Den Milchreis vom Herd nehmen, dann die die filetierten Orangen unterrühren.

Orangeneis

Sahne, Glukosesirup, Zucker, Orangensaft und Orangenabrieb in einen Topf geben und aufkochen. Die Eigelbe in einer Schüssel verrühren und die Sahnemasse kochend heiß unterrühren und zur Rose abziehen (Seite 150). Die Orangen-Sahne-Masse durch ein feines Sieb gießen und den Sauerrahm unterheben. Die Masse kalt stellen und anschließend in einer Eismaschine gefrieren.

Anrichten

Den Safranreis in tiefen Tellern oder Gläsern anrichten, mit einem warmen Esslöffel eine Kugel oder Nocke vom Orangeneis abstechen und auf den Safranreis setzen.

Topfensoufflé

{ ERGIBT **8** PORTIONEN } 30 MINUTEN

5 Eigelb
250 g Quark
Mark von 1 Vanilleschote
½ TL Stärke
abgeriebene Schale von 1 unbehandelten Zitrone und 1 unbehandelten Orange
5 Eiweiß
100 g Zucker
50 g flüssige Butter
50 g Zucker zum Ausstreuen

Den Backofen auf 200 °C vorheizen. Die Eigelbe mit dem Quark, dem Vanillemark, der Stärke und dem Zitrusabrieb verrühren. Die Eiweiße mit dem Zucker steif schlagen. Den Eischnee unter die Quarkmasse heben. Feuerfeste Förmchen mit flüssiger Butter ausfetten und mit Zucker ausstreuen. Die Masse einfüllen und die Soufflés im Backofen 10–15 Minuten backen, bis sie aus der Form hochsteigen. Bevor Sie das Soufflé aus dem Ofen nehmen, müssen Sie bereits alle Beilagen wie zum Beispiel frische Erdbeeren oder Rhabarberkompott (Rezept Seite 42) fertig am Tisch haben. Das Soufflé direkt nach dem Backen servieren.

Apfel-Lasagne

{ ERGIBT **8** PORTIONEN } 45 MINUTEN

200 g Zucker
1 TL Glukosesirup
(Seite 150)
40 g Butter
¼ Zitrone
8-9 Äpfel
100 g flüssige,
geklärte Butter

Zucker, Glukosesirup und Butter in einen Topf geben und auf 150 °C erhitzen (mit einem Küchenthermometer messen). Anschließend die Masse auf Backpapier oder eine Silikonbackmatte gießen und abkühlen lassen. Karamell im Haushaltskutter fein zerkleinern, bis er fein wie Puderzucker ist.
Den Backofen auf 160 °C vorheizen. Eine Schüssel mit Wasser füllen. Die Zitrone auspressen und den Saft hineingeben. Die Äpfel schälen und die Kerngehäuse entfernen. Äpfel bis zur Weiterverarbeitung in das Zitronenwasser legen. Die Äpfel hauchdünn in Scheiben schneiden.
Eine Lage übereinanderlappend in eine feuerfeste Form schichten. Die Äpfel mit der Karamellmischung bestreuen, dann die nächste Schicht darüberlegen. So fortfahren, bis alle Zutaten aufgebraucht sind. Die letzte Apfelschicht mit der Karamellmischung bestreuen und mit flüssiger, geklärter Butter übergießen. Die Apfel-Lasagne im Backofen unabgedeckt 25 Minuten backen. Anschließend herausnehmen und auskühlen lassen.

Anrichten

Die lauwarme Apfel-Lasagne in Stücke schneiden und auf Tellern anrichten.

TIPP

Dieses simple Dessert ist unwahrscheinlich aromatisch. Dazu passt ein hausgemachtes Vanilleeis (Rezept Seite 139) und Rumsahne oder Kaffeecreme (Rezept Seite 54).

Landhaus-Klassiker

Milchreisschnitte mit Mispel-Honig-Kompott und Pistaziencrumble

{ ERGIBT **8** PORTIONEN } 1 ½ STUNDEN ZZGL. 2 STUNDEN KÜHLZEIT

Reiseinlage

- 70 g Basmatireis
- Mark von ½ Vanilleschote
- 125 ml Milch
- 30 g Zucker
- 15 g Butter

Milchcreme

- 3 Eigelb
- 180 ml Milch
- 50 g Zucker
- 4 Blatt Gelatine
- 250 g Sahne

Reiseinlage

Den Basmatireis in einen Topf geben, mit Wasser bedecken, aufkochen und 5-10 Minuten köcheln lassen. Die Milch, den Zucker, die Butter und das Vanillemark zum Reis geben und weitere 20 Minuten köcheln, bis der Reis angenehm weich ist. Anschließend abkühlen lassen.

Milchcreme

Die Eigelbe in einer Schüssel verquirlen. Die Milch mit dem Zucker aufkochen und unter das Eigelb rühren. Die Masse zur Rose abziehen (Seite 150). Die Gelatine in kaltem Wasser einweichen und anschließend gut ausdrücken. Die Milchcreme durch ein feines Sieb gießen, Gelatine zugeben, auflösen, die Reiseinlage unterrühren und im Kühlschrank kalt werden lassen. Anschließend die Sahne steif schlagen und unterheben. Die Milchreiscreme in einen rechteckigen Rahmen (6 x 24 cm) füllen und glatt streichen. Einige Stunden kühl stellen.

→

→ Milchreisschnitte mit Mispel-Honig-Kompott und Pistaziencrumble

Pistaziencrumble

150 g Mehl
100 g Zucker
100 g handwarme Butter
50 g gemahlene Pistazien

Mispel-Honig-Kompott

100 g Akazienhonig
400 ml Weißwein
2 EL Kamillentee
1 TL Stärke
10 Mispeln

Pistaziencrumble

Den Backofen auf 175 °C vorheizen. Mehl, Zucker, Butter und gemahlene Pistazien in eine Schüssel geben. Alles gut miteinander vermischen, bis schöne Streusel entstehen. Die Streusel auf ein Backblech streuen. Dabei darauf achten, dass die Streusel nicht zu groß werden. Im Backofen etwa 10 Minuten backen. Anschließend herausnehmen und abkühlen lassen.

Mispel-Honig-Kompott

Den Akazienhonig in einem Topf etwa 2 Minuten kochen lassen, mit dem Weißwein ablöschen, den Kamillentee zugeben und ca. 5 Minuten ziehen lassen. Stärke mit etwas Wasser klümpchenfrei verrühren. Dann den Weißwein-Honig-Fond aufkochen und mit der Stärke leicht abbinden. Die Mispeln halbieren und die Kerne entfernen. Mit einem kleinen Messer vorsichtig die Haut der Früchte abziehen. Die Mispeln in dünne Spalten schneiden und sofort in den heißen Fond geben, da Mispeln extrem schnell oxidieren und braun werden. Die Früchte im Fond erkalten lassen.

Anrichten

Die Milchreiscreme in ca. 3 x 6 cm große Stücke schneiden und auf Teller setzen. Das Mispel-Honig-Kompott darum herum verteilen und etwas Pistaziencrumble als Verzierung daraufstreuen.

Geeister Florentiner

{ ERGIBT **8** PORTIONEN } 1 ½ Stunden zzgl. 4 Stunden Kühlzeit

Vanille-Honig-Parfait

4 Eigelb
40 g Zucker
2 EL Honig
Mark von 1 Vanilleschote
1½ Blatt Gelatine
200 g Sahne

Cassissorbet

75 g Zucker
30 g Glukosesirup (Seite 150)
260 g Cassispüree (Seite 150)

Florentinerhippe

75 g Zucker
3 EL Sahne
30 g Butter
40 g Glukosesirup (Seite 150)
75 g gehobelte Mandeln

Vanille-Honig-Parfait

Eigelbe, Zucker, Honig und Vanillemark in eine Schüssel geben und auf dem Wasserbad warm schlagen. Die Gelatine in kaltem Wasser einweichen, anschließend gut ausdrücken und in einem Topf erhitzen, bis sie sich auflöst. Die Eigelb-Zucker-Masse mit dem Handrührgerät aufschlagen, bis sie schaumig ist. Die Sahne in einer zweiten Schüssel steif schlagen. Zuerst die aufgelöste Gelatine in die Eigelb-Zucker-Masse rühren, danach die geschlagene Sahne vorsichtig unterheben. Die fertige Parfaitmasse etwa 3 cm hoch in Ringe (Ø 6 cm) füllen und gefrieren.

Florentinerhippe

Den Backofen auf 180 °C vorheizen. Zucker, Sahne, Butter und Glukosesirup in einem Topf zum Kochen bringen und einkochen, bis die Masse zu karamellisieren beginnt. Mit einem Holzlöffel umrühren. Den Karamell in eine Schüssel füllen und die Mandeln hinzufügen. Alles mischen und kurz auskühlen lassen. Teelöffelgroße Kugeln auf ein mit Backpapier ausgelegtes Blech setzen und mit angefeuchteten Fingern flach drücken. Im Backofen etwa 7–8 Minuten golden backen. Für den Vorrat in einer Dose verschlossen aufbewahren.

Cassissorbet

Zucker und Glukosesirup mit 150 ml Wasser in einen Topf geben, aufkochen und mit dem Cassispüree vermischen. Masse in eine Schüssel umfüllen und im Kühlschrank abkühlen lassen. Anschließend in der Eismaschine gefrieren.

→

→ *Geeister Florentiner*

Karamellsauce

20 g Vollmilchkuvertüre
120 g Zucker
40 g Glukosesirup (Seite 150)
50 g Butter
120 g Crème fraîche
1 Prise Salz

Karamellisierte Pistazien

100 g Pistazien
40 g Puderzucker

Karamellsauce

Die Kuvertüre klein hacken. Zucker, Glukosesirup und 1 EL Wasser in einen Topf geben, aufkochen und karamellisieren lassen. Die Butter in Würfel schneiden und mit einem Holzlöffel nach und nach unterrühren. Bei mittlerer Hitze Crème fraîche und Salz zugeben und möglichst schnell unterarbeiten. Die Karamellsauce vom Herd nehmen und mit dem Pürierstab die Vollmilchkuvertüre untermixen. Karamellsauce bis zum Anrichten kalt stellen.

Karamellisierte Pistazien

Den Backofen auf 180 °C vorheizen. Die Pistazien in einer Schüssel mit ½ TL Wasser befeuchten. Den Puderzucker zugeben und gut durchmischen. Pistazien auf einem mit Backpapier ausgelegten Backblech verteilen und im Backofen 10 Minuten rösten. Anschließend herausnehmen und abkühlen lassen.

Anrichten

Die Karamellsauce erhitzen. Das Vanille-Honig-Parfait aus den Ringen lösen, auf Teller setzen und mit der Florentinerhippe bedecken. Das Cassissorbet abnocken, auf die Hippe geben und mit den karamellisierten Pistazien garnieren. Die heiße Karamellsauce neben dem Parfait angießen.

Riesling-Quitten-Süppchen mit Grießflammerie

{ ERGIBT **8** PORTIONEN } 1 STUNDE ZZGL. 2 STUNDEN KÜHLZEIT

Riesling-Quitten-Süppchen

75 ml Läuterzucker (Seite 150)
200 g Quittensaft
2½ Blatt Gelatine
250 g Rieslingsekt

Grießflammerie

500 ml Milch
50 g Butter
½ TL Vanillezucker
50 g Grieß
2 Eigelb
1 Msp. Zimtpulver
1 Msp. Kardamom
20 ml Himbeerbrand
abgeriebene Schale von 1 unbehandelten Limette
3 Blatt Gelatine
250 g Sahne
2 Eiweiß
80 g Zucker

Riesling-Quitten-Süppchen

Den Läuterzucker mit dem Quittensaft erhitzen. Die Gelatine in kaltem Wasser einweichen, dann ausdrücken und in der heißen Flüssigkeit auflösen. Anschließend kalt stellen und gelieren lassen. Erst kurz vor dem Servieren den Rieslingsekt mit dem Pürierstab einmixen.

Grießflammerie

Die Milch mit der Butter in einen Topf geben und aufkochen. Den Vanillezucker hinzufügen, dann den Grieß einrieseln lassen und 5 Minuten bei milder Hitze unter Rühren kochen. Den Grießbrei vom Herd nehmen und leicht abkühlen lassen. Dann Eigelbe, Zimt, Kardamom, Himbeerbrand und Limettenabrieb mit dem Schneebesen unterrühren.

Die Gelatine in kaltem Wasser einweichen, anschließend gut ausdrücken und ebenfalls unterrühren. Den Grießbrei kalt stellen. Die Sahne steif schlagen. In einer zweiten Schüssel die Eiweiße steif schlagen, dabei den Zucker einrieseln lassen. Die Sahne und den Eischnee abwechselnd unter den Grießbrei heben. Grießmasse in Förmchen füllen und kalt stellen.

Anrichten

Die Grießflammerie aus den Förmchen auf die Teller stürzen. Das Süppchen einfüllen und nach Belieben mit Apfel-Quitten-Kompott (Rezept Seite 26) servieren.

Exotische Mousseschnitte

{ ERGIBT **8** PORTIONEN } 2 Stunden zzgl. 2 Stunden Kühlzeit

Knusperboden
(Rezept Seite 77)

Orangen-Frischkäse-Creme
50 g Quark
200 g Frischkäse
60 g Zucker
abgeriebene Schale von 1 unbehandelten Orange
2 Blatt Gelatine
30 g Zartbitterkuvertüre
280 g Sahne

Passionsfruchtgelee
3 Blatt Gelatine
150 g Passionsfruchtpüree (Seite 150)
40 g Zucker

Schokoladenbiskuit
(Rezept Seite 14)

Passionsfruchtmousse
5 Blatt Gelatine
200 g Joghurt
200 g Passionsfruchtpüree (Seite 150)
140 g Puderzucker
200 g Sahne

Anrichten
50 g Zartbitterkuvertüre

Böden
Den Knusperboden und Schokoladenbiskuit nach Rezept zubereiten.

Orangen-Frischkäse-Creme
Quark, Frischkäse, Zucker und Orangenabrieb in eine Schüssel geben und verrühren. Die Gelatine einweichen, ausdrücken und in einem Topf erhitzen, bis sie sich auflöst. Die Gelatine unter die Frischkäsecreme rühren. Die Kuvertüre raspeln. Die Sahne in einer zweiten Schüssel steif schlagen. Geraspelte Schokolade und die geschlagene Sahne unter den Orangen-Frischkäse heben und anschließend kalt stellen.

Passionsfruchtmousse
Gelatine einweichen, ausdrücken und in einem Topf erhitzen, bis sie sich auflöst. Joghurt, Passionsfruchtpüree und Puderzucker in einer Schüssel verrühren. Die Gelatine untermischen. Sahne in einer zweiten Schüssel steif schlagen und unterheben. Passionsfruchtmousse kalt stellen.

Passionsfruchtgelee
Gelatine einweichen, ausdrücken und in einem Topf erhitzen. Passionsfruchtpüree in einen Topf geben und erwärmen, dann den Zucker und die Gelatine darin auflösen. Leicht abkühlen lassen, bis das Gelee lauwarm ist.

Anrichten
Die Kuvertüre klein hacken und auf dem Wasserbad schmelzen. Den Knusperboden auf die passende Größe des Rahmens (6 x 24 cm) zuschneiden und hineinlegen. Dünn mit flüssiger Kuvertüre bepinseln. Den Schokoladenbiskuit in der Größe des Rahmens dünn zuschneiden, auf den Knusperboden legen und leicht andrücken. Die Orangen-Frischkäse-Creme einfüllen und mithilfe eines Schabers glatt streichen. 30 Minuten kalt stellen. In der Zwischenzeit das Passionsfruchtmousse auf die Orangen-Frischkäse-Creme gießen und wieder kalt stellen, bis die Schnitte angezogen ist. Zuletzt das Gelee auf die Schnitte gießen und nach dem Anziehen aus dem Rahmen lösen.
Mit einem heißen Messer in 3 cm dicke Riegel schneiden.

61
62
63
64
65
66
67
68
69
70

Müsli, Joghurt und Boskopapfel

{ ERGIBT **8** PORTIONEN } 1 ½ Stunden zzgl. 2 Stunden Kühlzeit

Joghurtmousse

200 g Joghurt
2 EL Honig
1 EL Zucker
Saft und abgeriebene Schale von ½ unbehandelten Zitrone
2½ Blatt Gelatine
100 g Sahne

Müsli-Eis

100 g Zucker
2 EL Honig
200 g Müsli
200 g Sahne
250 ml Milch
6 Eigelb

Müsli-Crunch

100 g Müsli
2 EL Zucker
1 TL Wasser

Joghurtmousse

Joghurt, Honig und Zucker mit dem Zitronensaft und der abgeriebenen Zitronenschale glatt rühren. Gelatine in kaltem Wasser einweichen, ausdrücken und in einem Topf bei geringer Hitze auflösen. Aufgelöste Gelatine unter den Joghurt rühren. Die Sahne steif schlagen und unter die Masse heben. Die Joghurtmousse in einen Rahmen (20 x 8 cm) füllen, glatt streichen und kalt stellen.

Müsli-Crunch

Müsli, Zucker und 1 TL Wasser in einen Topf geben und unter ständigem Rühren karamellisieren lassen. Zum Abkühlen auf einem Stück Backpapier ausbreiten.

Müsli-Eis

1 EL Wasser, Zucker, Honig und Müsli in einen Topf geben und unter ständigem Rühren karamellisieren lassen. Sahne und Milch zugeben, zum Kochen bringen, vom Herd nehmen und ca. 30 Minuten ruhen lassen. Dann die Masse durch ein feines Sieb in einen zweiten Topf gießen. Das Müsli im Sieb gut ausdrücken. Die Milch-Sahne-Mischung aufkochen. Eigelbe in einer Schüssel verrühren. Die kochende Flüssigkeit nach und nach unter die Eigelbe rühren und dann zur Rose abziehen (Seite 150). Anschließend im Kühlschrank herunterkühlen und in der Eismaschine gefrieren.

→

→ *Müsli, Joghurt und Boskopapfel*

Honigcreme

25 g Stärke
2 Eigelb
250 g Milch
20 g Zucker
2 EL Honig

Geschmorter Apfel

2 säuerliche Äpfel
(z.B. Boskop)
2 EL Zucker
20 ml Calvados
20 ml Weißwein
1 Vanilleschote

Honigcreme

Stärke und Eigelbe mit 3 EL Milch in einer Schüssel verrühren. Restliche Milch, Zucker und Honig in einem Topf aufkochen und unter die Eigelb-Stärke-Masse rühren. Die Masse zurück in den Topf füllen und unter ständigem Rühren mindestens 1 Minute kochen. Anschließend direkt mit Klarsichtfolie abdecken und kalt stellen.

Geschmorter Apfel

Äpfel waschen, schälen, vierteln und vom Kerngehäuse befreien. Die Viertel in 1 cm große Würfel schneiden. In einem Topf 1 EL Wasser und Zucker erhitzen und karamellisieren lassen. Die Äpfel hinzugeben, anschwitzen und mit dem Calvados und dem Weißwein ablöschen. Die Vanilleschote aufschlitzen und das Mark herauskratzen. Ausgekratzte Vanilleschote zu den Äpfeln geben. Die Äpfel unter gelegentlichem Rühren bei geringer Hitze schmoren, bis sie weich sind und die Flüssigkeit verkocht ist.

Anrichten

Das Joghurtmousse in acht längliche Streifen schneiden und auf Teller setzen. Die Honigcreme glatt rühren und in einen Spritzbeutel mit Lochtülle füllen. Unterschiedlich große Punkte an und auf die Joghurtmousse setzen. Die geschmorten Apfelstücke gleichmäßig auf dem Teller verteilen, Müslicrunch darüberstreuen, Müsli-Eis abnocken und dazusetzen. Frische Wiesenkräuter wie zum Beispiel Schafsgarbe, Gundermann oder Mädesüß zum Ausgarnieren benutzen.

Schokoladengâteau mit Arabica-Kaffee-Eis

{ ERGIBT **8** PORTIONEN } 1 ½ Stunden zzgl. 3 Stunden Kühlzeit

Knusperboden

- 40 g Zartbitterkuvertüre
- 90 g Nougat
- 80 g Cornflakes

Schokoladencreme

- 150 g Sahne
- 20 g Zucker
- 2 Eigelb
- 50 g Vollmilchkuvertüre
- 50 g Zartbitterkuvertüre

Biskuit

(Rezept Seite 110)

Vollmilch-schokoladensahne

- 50 g Vollmilchkuvertüre
- 125 g Sahne
- 1 Blatt Gelatine

Knusperboden

Die Kuvertüre hacken und auf dem Wasserbad schmelzen. Nougat klein schneiden, zugeben und alles zu einer glatten Masse verarbeiten. Die Cornflakes in einen Gefrierbeutel geben, den Beutel verschließen und die Cornflakes zerdrücken. Die Cornflakesbrösel unter die Schokoladen-Nougat-Mischung rühren. Die Masse zwischen zwei Backpapieren ca. 2 mm stark ausrollen und im Kühlschrank anziehen lassen.

Biskuit

Den Biskuit nach Rezept zubereiten.

Schokoladencreme

Die Sahne mit dem Zucker aufkochen, und mit den Eigelben zur Rose abziehen (Seite 150). Beide Kuvertüren fein hacken und nach und nach unter die heiße Masse rühren. Anschließend abkühlen lassen.

Vollmilchschokoladensahne

Die Kuvertüre fein hacken. Die Sahne aufkochen und die Kuvertüre mit dem Pürierstab unterarbeiten. Die Masse über Nacht kalt stellen. Die Gelatine in kaltem Wasser einweichen, gut ausdrücken und in einem Topf erhitzen, bis sie sich auflöst. Die

→

→ Schokoladengâteau mit Arabica-Kaffee-Eis

Weiße Schokoladensahne
40 g weiße Schokolade
125 g Sahne
1 Blatt Gelatine

Anrichten
100 g Schokolade

Arabica-Kaffee-Eis
250 g Sahne
250 ml Milch
100 g Zucker
100 g Arabica-Kaffeebohnen
6 Eigelb

TIPP

Die Gâteaus können Sie auch komplett einfrieren und somit einige Tage früher vorbereiten.

Schokoladensahne kurz vor der Weiterverarbeitung aufschlagen und die aufgelöste Gelatine unterheben.

Weiße Schokoladensahne
Die Schokolade fein hacken. Die Sahne aufkochen und die Schokolade mit dem Pürierstab unterarbeiten. Die Masse über Nacht kalt stellen. Die Gelatine in kaltem Wasser einweichen, gut ausdrücken und in einem Topf erhitzen, bis sie sich auflöst. Die Schokoladensahne kurz vor der Weiterverarbeitung aufschlagen und die aufgelöste Gelatine unterheben.

Arabica-Kaffee-Eis
Die Sahne und die Milch mit dem Zucker aufkochen. Die Kaffeebohnen zugeben und 2–3 Stunden ziehen lassen. Die Sahne-Milch-Mischung durch ein feines Sieb gießen und wieder zurück in den Topf füllen. Die Eigelbe in einer Schüssel verrühren.
Die Sahne-Milch-Mischung aufkochen und unter die Eigelbe rühren. Die Masse zur Rose abziehen (Seite 150). Die Eismasse im Kühlschrank herunterkühlen lassen und anschließend in der Eismaschine gefrieren.

Anrichten
Mithilfe von kleinen Ringen (Ø 4 cm) Kreise aus dem Knusperboden und dem dünn geschnittenen Biskuit ausstechen. Den Knusperboden in den Ring legen und den Biskuit mit etwas Schokoladencreme auf dem Knusperboden fixieren. Die Ringe zu einem Drittel mit Schokoladencreme füllen und etwa 30 Minuten kalt stellen. Dann zuerst die aufgeschlagene Vollmilchschokoladensahne, abschließend die weiße Schokoladensahne einfüllen und anfrieren. Dann die Gâteaus aus den Ringen lösen und mit Schokolade ausgarnieren.
Das Arabica-Kaffee-Eis abnocken und dazusetzen.

Crêpes-Terrine mit weißer Schokoladenmousse

{ ERGIBT **8** PORTIONEN } 1 STUNDE ZZGL. 2 STUNDEN KÜHLZEIT

Crêpes

- 60 g Mehl
- 1 Ei
- 1 Eigelb
- 30 g Sahne
- 125 g Milch
- 1 Prise Salz
- 1 EL Zucker

Anrichten

- 100 g Schokolade

Weiße Schokoladenmousse

- 300 g weiße Schokolade
- 4 Blatt Gelatine
- 1 Ei
- 500 g Sahne

Crêpes

Mehl, Ei, Eigelb, Sahne, Milch, Salz und Zucker in einer Schüssel mit dem Schneebesen klümpchenfrei verrühren. Eine beschichtete Pfanne erhitzen. Eine kleine Portion Teig in die Pfanne geben, die Pfanne schwenken und den gleichmäßig verteilten Teig zu dünnen Crêpes ausbacken.

Weiße Schokoladenmousse

Die Schokolade klein hacken und auf dem Wasserbad schmelzen. Die Gelatine in kaltem Wasser einweichen, anschließend gut ausdrücken und in einem Topf erhitzen, bis sie sich auflöst. Das Ei schaumig schlagen, dann die flüssige Gelatine und die flüssige Schokolade unterrühren. Anschließend die Sahne in einer zweiten Schüssel steif schlagen und unterheben. Die Schokoladenmousse kalt stellen.

Anrichten

Die Schokolade klein hacken und auf dem Wasserbad schmelzen. In einer Back- oder Terrinenform die Crêpes und die Schokoladenmousse abwechselnd einschichten, wobei die Crêpes jeweils mit flüssiger Schokolade bestrichen werden. Anschließend 2 Stunden kalt stellen, danach mit einem heißen Messer schneiden.

Birne Helene

{ ERGIBT **8** PORTIONEN } 2 Stunden zzgl. 2 Stunden Kühlzeit

Bretonischer Mürbeteig
2 Eigelb
85 Zucker
Mark von 1 Vanilleschote
125 g Mehl
5 g Backpulver
100 g weiche Butter

Schokoladenglasur
75 g Sahne
110 g Zucker
1 Blatt Gelatine
25 g Kakaopulver
20 g Magermilchpulver
(Seite 150)

Pochierte Birnen
2 EL Zucker zzgl. Zucker nach Belieben
500 g feinherber Weißwein
½ Zimtstange
4 Birnen (Sorte Forelle)

Anrichten
Vanilleeis
(Rezept Seite 139)
gehobelte Mandeln zum Garnieren

Bretonischer Mürbeteig
Die Eigelbe mit dem Zucker und dem Vanillemark schaumig rühren. In einer zweiten Schüssel Mehl und Backpulver mit der weichen Butter verkneten. Eigelb-Zucker-Masse nach und nach zugeben, dabei darauf achten, dass keine Klumpen entstehen. Da der Teig sehr weich ist, stellen Sie ihn am besten in einer Dose für 30 Minuten kalt.

Den Backofen auf 180 °C vorheizen. Den gut durchgekühlten Mürbeteig ca. 3 mm dick ausrollen, acht birnenförmige Stücke ausschneiden, auf ein mit Backpapier ausgelegtes Blech legen und 10 Minuten im Backofen backen. Anschließend herausnehmen und abkühlen lassen.

Pochierte Birnen
Den Zucker in einem Topf karamellisieren lassen und dann mit dem Weißwein ablöschen. Die Zimtstange dazugeben und nach Belieben mit Zucker süßen. Die Birnen schälen, halbieren und die Kerngehäuse entfernen. Die Birnenhälften im vorbereiteten Fond weich kochen und anschließend darin auskühlen lassen.

Schokoladenglasur
Sahne, 90 ml Wasser und Zucker in einen Topf geben und zum Kochen bringen. Etwa 5–10 Minuten leicht köcheln lassen. Gelatine in kaltem Wasser einweichen und anschließend gut ausdrücken. Kakao und Magermilchpulver mischen und in die kochende Masse einrühren. Die Masse unter ständigem Rühren aufkochen, damit sich das Pulver richtig auflöst. Die Schokoladenglasur durch ein feines Sieb gießen, anschließend die ausgedrückte Gelatine unterrühren und die Glasur kalt stellen.

Anrichten
Die pochierte Birnen aus dem Fond nehmen und abtropfen lassen. Birnenhälften auf die Mürbeteigplätzchen setzen und zweimal mit der flüssigen, jedoch nicht warmen Schokoladenglasur überziehen. Die Birnentörtchen auf einen Teller setzen, mit Mandeln ausgarnieren und mit einer Nocke Vanilleeis servieren.

Schokoladenriegel und Passionsfruchtmacaron

{ ERGIBT 8 PORTIONEN } 2 STUNDEN ZZGL. 5 STUNDEN KÜHLZEIT

Knusperboden
(Rezept Seite 77)

Schokoladenglasur
140 ml Wasser
120 g Sahne
180 g Zucker
1½ Blatt Gelatine
40 g Kakaopulver
30 g Magermilchpulver
(Seite 150)

Schokoladenparfait
(Rezept Seite 143)

Passionsfrucht-ganache
100 g Passionsfruchtpüree (Seite 150)
1 Eigelb
220 g weiße Schokolade
40 g Butter

Knusperboden

Den Knusperboden nach Rezept zubereiten und im Kühlschrank anziehen lassen.

Schokoladenparfait

Das Schokoladenparfait nach Rezept zubereiten.

Schokoladenglasur

Wasser, Sahne und Zucker in einen Topf geben und zum Kochen bringen. Etwa 10 Minuten leicht köcheln lassen. Gelatine in kaltem Wasser einweichen und anschließend gut ausdrücken. Kakao und Magermilchpulver mischen und in die kochende Masse einrühren. Die Masse unter ständigem Rühren aufkochen, damit sich das Pulver richtig auflöst. Die Schokoladenglasur durch ein feines Sieb gießen, die ausgedrückte Gelatine unterrühren und die Glasur kalt stellen.

Passionsfruchtganache

Das Passionsfruchtpüree in einen Topf geben, zum Kochen bringen, vom Herd nehmen und das Eigelb unterrühren. Püree durch ein feines Sieb streichen. Die weiße Schokolade klein hacken und auf dem Wasserbad schmelzen. Die Fruchtmasse nach und nach mit einem Stielschaber unter die flüssige Schokolade arbeiten. Die Butter in kleine Stücke schneiden und ebenfalls untermischen, bis sie sich aufgelöst hat. Die Ganache kalt stellen.

→

Schokoladenmacarons

- 20 g gemahlene Haselnüsse
- 75 g gemahlene Mandeln
- 140 g Puderzucker
- 15 g Kakaopulver
- 3 Eiweiß
- 75 g Zucker
- Kakaobohnenbruch (Seite 150)

Schokoladenmacarons

Den Backofen auf 200 °C vorheizen. Haselnüsse und Mandeln, Puderzucker und Kakaopulver in einem Haushaltskutter fein mixen. Anschließend durchsieben. Die Eiweiße steif schlagen und währenddessen den Zucker nach und nach einrieseln lassen, bis ein fester Eischnee entsteht. Die fein gemahlene Mandel-Nuss-Mischung vorsichtig unter den Eischnee heben. Die fertige Masse in einen Spritzbeutel füllen und auf ein mit Backpapier ausgelegtes Blech dressieren. Anschließend mit etwas Kakaobohnenbruch garnieren. Macarons vor dem Backen 2 Stunden antrocknen lassen, anschließend im Backofen 5 Minuten backen, dann herausnehmen und abkühlen lassen. Anschließend mit der Ganache füllen.

Anrichten

Den Knusperboden auf die passende Größe schneiden und in einen Rahmen (6 x 24 cm) legen. Das Schokoladenparfait darauf verteilen und gefrieren. Die gefrorene Masse aus dem Rahmen lösen, in 3 cm große Riegel schneiden und mit der flüssigen, aber nicht warmen Schokoladenglasur überziehen. Die fertigen Riegel auf Teller legen und die Macarons obenaufsetzen.

Rote Bete und Roggenbrot-Eis

{ ERGIBT **8** PORTIONEN } 2 Stunden zzgl. 8 Stunden Kühlzeit und 4 Stunden Ziehzeit

Rote-Bete-Ganache

210 g weiße Schokolade
100 ml Rote-Bete-Saft
1 Msp. Salz
20 g Honig
20 g Butter

Roggenbroteis

150 g dunkles Roggenbrot
600 ml Milch
20 g Magermilchpulver (Seite 150)
1 Msp. Salz
50 g Zucker
10 g Honig
2 Eigelb

Rote Bete

2-3 Rote-Bete-Knollen
½ Vanilleschote
2 Sternanis
Salz

Rote-Bete-Ganache

Die Schokolade klein hacken und auf dem Wasserbad schmelzen. Rote-Bete-Saft mit Salz und Honig zum Kochen bringen. Den Saft nach und nach mithilfe eines Stielschabers unter die flüssige Kuvertüre rühren, bis eine geschmeidige, glatte Masse entsteht. Dabei möglichst keine Luft unterschlagen. Danach die Butter in Stücke schneiden und mit dem Pürierstab untermixen. Die Rote-Bete-Ganache in eine rechteckige Form gießen. Darauf achten, dass die Ganache etwa 2 cm hoch in der Form steht. Über Nacht auskühlen lassen.

Rote Bete

Die Rote Bete waschen und putzen. Die Vanilleschote aufschlitzen und das Vanillemark herauskratzen. Rote Bete mit Sternanis und der ausgekratzten Vanilleschote in Salzwasser gar kochen. Abgießen, abkühlen lassen und schälen.

Roggenbroteis

Den Backofen auf 180 °C vorheizen. Zunächst die Brotmilch zubereiten, da sie die Grundlage für das Roggenbroteis ist. Das Roggenbrot in einem Kutter oder im Blitzhacker fein zerkleinern und die Brösel auf einem Backblech ausbreiten. Das Brot 10–15 Minuten im Backofen rösten. Danach herausnehmen. Die Milch mit dem gerösteten Roggenbrot mischen und einige Stunden ziehen lassen.

→

→ Rote Bete und Roggenbrot-Eis

Schmandcreme

250 g Schmand
1 Msp. Salz
½ TL Zitronensaft

Anrichten

gebratene Roggenbrotwürfel
4 EL Traubenkernöl
Wiesenkräuter

Die Brotmilch durch ein feines Sieb gießen und 450 ml dieser Milch mit Milchpulver, Salz, Zucker und Honig in einen Topf geben. Zum Kochen bringen und mit den Eigelben zur Rose abziehen (Seite 150). Die Masse durch ein feines Sieb gießen, auf Eiswasser abkühlen lassen und anschließend in der Eismaschine gefrieren.

Schmandcreme

Schmand, Salz und Zitronensaft mit dem Handrührgerät schaumig aufschlagen, bis die Creme eine steife Konsistenz hat.

Anrichten

Zum Anrichten die Rote-Bete-Ganache in rechteckige Stücke schneiden, auf Teller setzen und mit einer kleinen Palette seitlich wegziehen. Rote Bete in Würfel und Scheiben schneiden und mit den gebratenen Roggenbrotwürfeln auf der Ganache verteilen. Die Schmandcreme in einen Spritzbeutel füllen und auf die Ganache spritzen. Zuletzt das Broteis abnocken, neben der Ganache platzieren. Mit etwas Traubenkernöl und Wiesenkräutern garnieren.

Weintartelettes

{ ERGIBT **8** PORTIONEN } 1 ½ Stunden zzgl. 2 Stunden Kühlzeit

Mürbeteig

(Rezept Seite 93)
500 g Hülsenfrüchte zum Blindbacken

Italienische Baisermasse

2 Eiweiß
120 g Zucker

Weincreme

220 ml Weißwein
180 g Zucker
3 Eier
6 Eigelb
160 g Butter
2 Blatt Gelatine

Mürbeteig

Den Backofen auf 180 °C vorheizen. Für die Tartelettes den Mürbeteig nach Rezept zubereiten. Den Teig 3 mm dick ausrollen, in ausgefettete Tartelettesförmchen legen und mit Backpapier auskleiden. Die Hülsenfrüchte einfüllen und die Tartelettes im Backofen ca. 10 Minuten blind backen, bis sie goldbraun sind. Anschließend die Tartelettes herausnehmen und die Hülsenfrüchte wieder entfernen.

Weincreme

Weißwein und Zucker in einem Topf aufkochen. Die Eier mit den Eigelben in einer Schüssel verquirlen. Den Weißwein zu den Eiern geben und zur Rose abziehen (Seite 150). Die Masse anschließend durch ein feines Sieb gießen. Die Butter in kleine Würfel schneiden und mit dem Pürierstab in die heiße Flüssigkeit mixen. Die Gelatine in kaltem Wasser einweichen, gut ausdrücken und in der heißen Masse auflösen. Anschließend in die Tartelettes füllen und kalt stellen.

Italienische Baisermasse

Eiweiße in der Küchenmaschine aufschlagen. Währenddessen 2 EL Wasser und Zucker zusammen auf 121 °C erhitzen (mit Küchenthermometer messen) und in einem dünnen Faden in das noch schlagende Eiweiß einfließen lassen. Die Baisermasse mindestens 5 Minuten kalt schlagen.

Anrichten

Die Baisermasse in einen Spritzbeutel mit Sterntülle füllen, auf die ausgekühlten Tartelettes dressieren und mit einem Bunsenbrenner abflämmen. Nach Belieben mit Trauben ausgarnieren.

Pralinentörtchen mit Beeren

{ ERGIBT 8 PORTIONEN } 1 ½ Stunden

Pralinenmasse
100 g Zartbitter-kuvertüre
120 ml Milch
120 g Crème fraîche
80 g Zucker
6 Eigelb

Himbeersauce
200 g Himbeermark
50 g Zucker
1 TL Stärke

Mürbeteig
100 g Zucker
200 g weiche Butter
1 Ei
300 g Mehl
Butter für die Tartelettes
500 g Hülsenfrüchte zum Blindbacken

Anrichten
50 g brauner Zucker
100 g Himbeeren
100 g Blaubeeren
100 g Erdbeeren
200 g geschlagene Sahne

Pralinenmasse
Die Kuvertüre klein hacken und auf dem Wasserbad schmelzen. Milch, Crème fraîche, Zucker und Eigelbe in einer Schüssel verrühren. Die flüssige Kuvertüre untermischen.

Mürbeteig
Den Backofen auf 180 °C vorheizen. Für den Mürbeteig Zucker, Butter und das Ei miteinander vermischen. Das Mehl zugeben und verkneten, bis ein Teig entsteht. Dabei darauf achten, dass der Teig nicht zu lange bearbeitet wird, da er sonst bröselig wird. Den Mürbeteig für 30 Minuten kalt stellen und anschließend 3 mm dick ausrollen. Teig in ausgefettete Tartelettesförmchen (Ø 6 cm) legen, mit Backpapier auskleiden und mit den Hülsenfrüchten füllen. Die Tartelettes im Backofen ca. 7–10 Minuten blind backen. Anschließend die Hülsenfrüchte wieder aus den Tartelettes nehmen. Den Backofen auf 110 °C herunterschalten. Die vorbereitete Pralinenmasse in die Tartelettes füllen und 20 Minuten backen, bis die Masse gestockt ist. Anschließend herausnehmen und abkühlen lassen.

Himbeersauce
Das Himbeermark mit dem Zucker aufkochen. Stärke in wenig kaltem Wasser klümpchenfrei auflösen und damit die Himbeersauce leicht abbinden. Die Sauce durch ein feines Sieb streichen und anschließend kalt stellen.

Anrichten
Die Beeren waschen, verlesen und mit der Himbeersauce marinieren. Die Tartelettes mit braunem Zucker bestreuen und mit einem Bunsenbrenner abflämmen. Mit den Beeren und einer Nocke Sahne servieren.

Aprikosen-Mandel-Sülze mit Schokoladenschaum

{ ERGIBT 8 PORTIONEN } 1 ½ Stunden zzgl. 2 Stunden Kühlzeit

Aprikosen-Mandel-Sülze

200 g Zucker
750 ml trockener Weißwein
1 Vanilleschote
1 Sternanis
2 Tropfen Bittermandelaroma
1 EL Honig
8 Aprikosen
8 Blatt Gelatine
100 g gehobelte Mandeln, geröstet

Bretonischer Mürbeteig (Rezept Seite 82)

Schokoladenschaum

3 Eiweiß
200 g Zucker
100 g dunkle Schokolade

Aprikosen-Mandel-Sülze

Den Zucker mit 2 EL Wasser in einem Topf goldbraun karamellisieren lassen, dann mit dem Weißwein ablöschen. Die Vanilleschote aufschlitzen und das Mark herauskratzen. Sternanis und die ausgekratzte Vanilleschote in den Topf geben. Den Weißweinsud 5 Minuten kochen lassen, bis er um ein Drittel reduziert ist. Mit Bittermandel und Honig abschmecken. Die Aprikosen waschen, halbieren und entkernen. Aprikosen in etwa 1 cm große Würfel schneiden und in eine Schüssel geben. Die Gelatine in kaltem Wasser einweichen, ausdrücken, im heißem Weißweinsud auflösen und noch heiß durch ein Sieb auf die Aprikosen gießen. Die Mandeln darüberstreuen und alles auf Raumtemperatur abkühlen lassen. Dann die Sülze gleichmäßig auf acht Tartelettesförmchen (Ø 7 cm) verteilen und mindestens 2 Stunden im Kühlschrank kühl stellen. Zum Stürzen die Förmchen kurz in heißes Wasser tauchen.
Den Backofen auf 185 °C vorheizen. Den Teig etwa 3 mm dünn ausrollen und mit einem Ausstecher (Ø 8 cm) acht Mürbeteigböden ausstechen. Die Mürbeteigböden im Backofen etwa 10 Minuten goldbraun backen. Anschließend herausnehmen und abkühlen lassen.

Schokoladenschaum

Eiweiße und 50 g Zucker in der Küchenmaschine schaumig schlagen. Den restlichen Zucker und 65 ml Wasser in einem Topf auf 121°C erhitzen (mit einem Küchenthermometer überprüfen). Die heiße Zuckerlösung in einem dünnen Faden in das noch schlagende Eiweiß einfließen lassen. Den Eischnee mindestens 5 Minuten schlagen, bis der Schaum abgekühlt ist. Die Schokolade klein hacken und auf dem Wasserbad schmelzen. Die flüssige Schokolade unter den Eiweißschaum heben.

Anrichten

Zum Stürzen der Sülze die Förmchen kurz in heißes Wasser tauchen. Den Schokoladenschaum in einen Spritzbeutel füllen und auf die Mürbeteigböden dressieren. Die gestürzte Sülze daraufsetzen und nach Belieben ausgarnieren.

Rhabarberparfait mit Himbeer-Amarettini und Schmandeis

{ ERGIBT **8** PORTIONEN } 2 STUNDEN ZZGL. 6 STUNDEN KÜHLZEIT

Geschmorter Rhabarber

4 Rhabarberstangen
1 Vanilleschote
200 g tiefgekühlte Himbeeren
200 g Zucker

Rhabarberparfait

300 ml Rhabarberfond
100 g Zucker
3 Eigelb
150 g Butter
3 Blatt Gelatine

Geschmorter Rhabarber

Den Backofen auf 160 °C vorheizen. Den Rhabarber waschen, schälen und in 3 cm große Stücke schneiden. Die Vanilleschote aufschlitzen und das Mark herauskratzen. Den Rhabarber in eine hitzebeständige Form legen, die Himbeeren und den Zucker darüberstreuen und die ausgekratzte Vanilleschote hinzugeben. Die Form mit Alufolie abdecken und den Rhabarber im Backofen ca. 7–10 Minuten bissfest schmoren. Die Form aus dem Ofen nehmen und den Rhabarber im Fond auskühlen lassen – dadurch bekommt er eine schöne Farbe.

Rhabarberparfait

Den Rhabarberfond, der beim Schmoren entstanden ist, mit Zucker in einem Topf aufkochen. Eigelbe in eine Schüssel geben, verrühren, dann den heißen Fond unterarbeiten und die Masse zur Rose abziehen (Seite 150). Die Butter in kleine Stücke schneiden und mit dem Pürierstab in die Masse mixen. Über Nacht kalt stellen. Am nächsten Tag die Gelatine in kaltem Wasser einweichen, anschließend gut ausdrücken und in einem Topf erhitzen, bis sie sich auflöst. Die Parfaitmasse aufschlagen und die aufgelöste Gelatine unterrühren. Die Parfaitmasse in Ringe (Ø 8 cm) einfüllen und gefrieren.

→

→ Rhabarberparfait mit Himbeer-Amarettini und Schmandeis

Schmandeis

150 g Sahne
25 g Glukosesirup (Seite 150)
70 g Zucker
5 Eigelb
Saft von ½ Limette
250 g Schmand

Amarettini

3 Eiweiß
60 g Zucker
60 g gemahlene Mandeln
15 g Mehl
30 g Puderzucker
50 g gemahlene Mandeln und 50 g Puderzucker zum Bestreuen

Schmandeis

Die Sahne mit dem Glukosesirup und dem Zucker aufkochen. Die Eigelbe in eine Schüssel geben und verrühren. Die heiße Sahne unter die Eigelbe rühren und die Masse zur Rose abziehen (Seite 150). Masse mit dem Limettensaft und dem Schmand verrühren, kalt stellen und dann in der Eismaschine gefrieren.

Amarettini

Den Backofen auf 170 °C vorheizen. Eiweiße mit dem Zucker zu steifem Schnee schlagen. Gemahlene Mandeln, Mehl und Puderzucker mischen und unter den Eischnee heben. Die Masse in einen Spritzbeutel mit Lochtülle füllen und etwa 1,5 cm große Punkte auf ein mit Backpapier ausgelegtes Backblech dressieren. Die Amarettini mit wenig gemahlenen Mandeln und Puderzucker bestreuen und im Backofen 5–7 Minuten goldbraun backen. Anschließend herausnehmen und abkühlen lassen.

Himbeerganache

150 g weiße Schokolade
100 g Himbeerpüree
10 g Glukosesirup
(Seite 150)
10 g Butter

Anrichten

50 g Heidelbeeren
50 g Himbeeren
frische Wiesenkräuter
oder Minze

Himbeerganache

Die Schokolade klein hacken und auf dem Wasserbad schmelzen. Das Himbeerpüree mit dem Glukosesirup aufkochen und langsam unter die flüssige Schokolade rühren, bis eine geschmeidige Masse entsteht. Mit dem Pürierstab die Butter unterarbeiten. Anschließend die Himbeerganache kalt stellen.

Anrichten

Das Parfait aus den Ringen lösen und auf die Teller setzen. Die Himbeerganache zwischen zwei Amarettini spritzen und den gefüllten Amarettini auf das Parfait stellen. Den geschmorten Rhabarber daneben platzieren und das Dessert mit frischen Beeren und Kräutern ausgarnieren. Zuletzt das Schmandeis abnocken und auf das Parfait setzen.

Riesling-Sekt-Süppchen mit Holunderblütenmousse

{ ERGIBT **8** PORTIONEN } 40 Minuten zzgl. 1–2 Stunden Kühlzeit

Holunderblütenmousse

2 Eigelb
2 Eier
80 g Puderzucker
140 g Holunderblütensirup
3 Blatt Gelatine
250 g Sahne

Anrichten

frische Beeren
frische Gartenkräuter

Riesling-Sekt-Süppchen

200 ml Läuterzucker (Seite 150)
75 ml fruchtig-süßer Riesling
2½ Blatt Gelatine
250 ml Rieslingsekt

Holunderblütenmousse

Die Eigelbe mit den Eiern, dem Puderzucker und dem Holunderblütensirup auf dem Wasserbad warm schlagen. Die Gelatine in kaltem Wasser einweichen, ausdrücken und in der warmen Masse auflösen. Die Mousse anschließend kalt rühren. Die Sahne steif schlagen und vorsichtig unter die erkaltete Mousse heben.

Riesling-Sekt-Süppchen

Den Läuterzucker erhitzen und den Riesling hinzugeben. Die Gelatine in kaltem Wasser einweichen, anschließend ausdrücken und in der heißen Flüssigkeit auflösen. Das Süppchen kalt stellen und gelieren lassen, erst dann den Rieslingsekt untermixen.

Anrichten

Die Holunderblütenmousse auf die Teller portionieren und mit frischen Beeren ausgarnieren. Das Riesling-Sekt-Süppchen angießen und frische Gartenkräuter darüberfallen lassen.

Vacheringlace mit Baiser

{ ERGIBT **8** PORTIONEN } 1 ½ Stunden zzgl. 3 Stunden Kühlzeit

Mürbeteig

50 g Zucker
100 g Butter
1 Eigelb
150 g Mehl

Himbeerparfait

1 Ei
2 Eigelb
50 g Zucker
Saft von ½ unbehandelten Zitrone
1 Blatt Gelatine
150 g Sahne
200 g Himbeerpüree

Mürbeteig

Den Backofen auf 180 °C vorheizen. Zucker, Butter und Eigelb in einer Schüssel miteinander vermischen, anschließend das Mehl unterarbeiten und alles zu einem Teig verkneten. Den Teig 3 mm dick ausrollen, mit einem runden Ausstecher (Ø 5 cm) Kreise ausstechen und auf ein mit Backpapier ausgelegtes Blech legen. Die Mürbeteigkekse im Backofen 10 Minuten backen.

Himbeerparfait

Ei, Eigelbe, Zucker und Zitronensaft auf dem Wasserbad warm schlagen und danach in der Küchenmaschine kalt schlagen, bis eine steife Masse entsteht. Die Gelatine in kaltem Wasser einweichen, anschließend gut ausdrücken und in einem Topf erhitzen, bis sie sich auflöst. Die Sahne in einer zweiten Schüssel schlagen. Die Gelatine und das Himbeerpüree unter die Eiermasse rühren und zuletzt die geschlagene Sahne unterheben. Den Mürbeteigboden in einen Ring (Ø 5 cm) legen, die Parfaitmasse zur Hälfte hineinfüllen und gefrieren.

→

→ Vacheringlace mit Baiser

Vanilleparfait

- 1 Ei
- 2 Eigelb
- 50 g Zucker
- Mark von 1 Vanilleschote
- 1 EL Honig
- 1 Blatt Gelatine
- 200 g Sahne

Italienische Baisermasse

- 5 Eiweiß
- 300 g Zucker

Vanilleparfait

Das Ei mit den Eigelben, dem Zucker, Vanillemark und Honig auf dem Wasserbad warm schlagen und danach in der Küchenmaschine kalt schlagen, bis eine steife Masse entsteht. Die Gelatine in kaltem Wasser einweichen, anschließend gut ausdrücken und in einem Topf erhitzen, bis sie sich auflöst. Die Sahne in einer zweiten Schüssel schlagen. Aufgelöste Gelatine und Sahne unter die Eier-Zucker-Masse heben. Das fertige Vanilleparfait in die Ringe mit dem Himbeerparfait füllen und komplett durchfrieren lassen.

Italienische Baisermasse

Eiweiß in der Küchenmaschine aufschlagen. Währenddessen 4 EL Wasser und Zucker zusammen auf 121 °C erhitzen und in einem dünnen Faden in das noch schlagende Eiweiß einfließen lassen. Die Baisermasse mindestens 5 Minuten kalt schlagen.

Anrichten

Die Parfaits aus den Ringen lösen und mit der italienischen Baisermasse einstreichen. Die Vacheringlaces mit einem Bunsenbrenner vorsichtig abflämmen.

TIPP

Je nach Jahreszeit können Sie die Parfaits abwandeln – beispielsweise im Herbst mit Nougat und Bratapfel oder im Winter mit weihnachtlichem Gewürz und Orangen. Ihrer Kreativität sind hier, wie auch bei allen anderen Rezepten, keine Grenzen gesetzt.

Mandelhippen mit Honig-Lavendel-Creme

{ ERGIBT **8** PORTIONEN } 1 STUNDE ZZGL. 2 STUNDEN KÜHLZEIT

Mandelhippen

250 g Zucker
125 g Sahne
100 g Butter
125 g Glukosesirup (Seite 150)
250 g gehobelte Mandeln

Honig-Lavendel-Creme

500 ml Milch
2 EL getrocknete Lavendelblüten
50 g Stärke
4 Eigelb
50 g Zucker
50 g Honig
4 Blatt Gelatine
250 g Sahne

Mandelhippen

Den Backofen auf 180 °C vorheizen. Zucker, Sahne, Butter und Glukosesirup einen Topf geben und erhitzen, bis die Masse leicht karamellisiert ist. Dann die Mandeln hinzugeben und untermischen. Die heiße Masse zwischen zwei Backpapieren 2 mm dünn ausrollen. Das obere Backpapier vorsichtig abziehen und die Mandeln im Backofen 12 Minuten goldbraun backen. Anschließend herausnehmen und abkühlen lassen.

Honig-Lavendel-Creme

Die Milch in einem Topf einmal aufkochen und dann vom Herd nehmen. Die Lavendelblüten zugeben und etwa 10 Minuten in der Milch ziehen lassen. Anschließend die Milch durch ein feines Sieb gießen. Die Stärke mit den Eigelben und 3 EL der Milch in einer Schüssel glatt rühren und zur Seite stellen. Lavendelmilch zurück in den Topf gießen, Zucker und Honig zugeben und aufkochen. Dann die Milch unter ständigem Rühren zur Eigelbmasse geben. Wieder in den Topf füllen und mindestens 1 Minute kochen lassen. Dabei ständig mit einem Schneebesen umrühren. Die Honig-Lavendel-Creme durch ein Sieb streichen und direkt mit Folie abgedeckt kalt stellen. Die Gelatine in kaltem Wasser einweichen, ausdrücken und bei geringer Hitze in einem Topf auflösen. Die abgekühlte Lavendel-Honig-Creme mit einem Schneebesen glatt rühren und die aufgelöste Gelatine unterarbeiten. Die Sahne steif schlagen und unter die Lavendel-Honig-Creme heben. Anschließend kalt stellen.

Anrichten

Die Hippe in gleichmäßige Stücke brechen. Mandelhippe und Lavendel-Honig-Creme aufeinanderschichten. Dafür die Creme in einen Spritzbeutel füllen und auf jede Schicht der Mandelhippen etwas Lavendel-Honig-Creme spritzen.

Landkuchen und Gebäck

Birnenrahmkuchen

{ ERGIBT 1 KUCHEN } 2 Stunden zzgl. 2 Stunden Kühlzeit

Biskuit
- 40 g Butter
- 6 Eier
- 200 g Zucker
- 200 g Mehl

Mürbeteig
- 100 g Zucker
- 200 g Butter
- 1 Ei
- 300 g Mehl

Crème Pâtissière
- 4 Eigelb
- 50 g Stärke
- 525 ml Milch
- 1 Vanilleschote
- 100 g Zucker

Belag
- 2 Birnen

Anrichten
- 50 g gehobelte Mandeln
- 5 EL Aprikosenkonfitüre

Biskuit

Den Backofen auf 180 °C vorheizen. Die Butter in einem Topf zerlassen. Die Eier mit dem Zucker auf einem Wasserbad lauwarm erwärmen, bis sich der Zucker aufgelöst hat. Die Eier-Zucker-Masse mit der Rührmaschine schaumig schlagen, bis eine steife Masse entsteht. Nach und nach das Mehl unterheben und die heiße Butter unterziehen. Den Teig in eine Springform (Ø 26 cm) füllen und im Backofen 30 Minuten backen. Anschließend herausnehmen und abkühlen lassen.

Mürbeteig

Zucker, Butter und das Ei glatt rühren. Dann das Mehl zugeben und nur kurz unterkneten, da der Teig sonst bröselig wird und sich nicht mehr schön verarbeiten lässt. Kurz kalt stellen. Den Backofen auf 180 °C vorheizen. Den Mürbeteig dünn ausrollen und in einen Ring (Ø 20 cm) legen.

Crème Pâtissière

Eigelbe, Stärke und 25 ml Milch in einer Schüssel verrühren. Die Vanilleschote aufschlitzen und das Mark herauskratzen. Danach 500 ml Milch, Zucker und die ausgekratzte Vanilleschote in einen Topf geben und zum Kochen bringen. Die kochende Milch unter ständigem Rühren langsam unter die Eigelb-Stärke-Masse rühren. Milchcreme zurück in den Topf füllen, aufkochen, durch ein feines Sieb gießen und mit Klarsichtfolie abgedeckt kühl stellen.

Belag

Den Biskuitboden so zuschneiden, dass er auf den Mürbeteigboden passt (Ø 18 cm). Von dem Biskuitboden eine Scheibe von 2 cm Höhe abschneiden und auf den Mürbeteigboden legen. Die Birnen schälen, entkernen, in gleichmäßige Spalten schneiden und auf dem Biskuit verteilen. Mithilfe einer Palette die Crème Pâtissière über die Birnen streichen. Den Birnenrahmkuchen im Backofen 30 Minuten backen.

Anrichten

Die Mandeln im noch heißen Ofen goldbraun rösten. Aprikosenkonfitüre mit 1 EL Wasser zum Kochen bringen und den Kuchen damit bestreichen. Mit den gerösteten Mandeln ausgarnieren.

Biskuitrolle mit Himbeeren

{ ERGIBT **8** PORTIONEN } 1 Stunde

Biskuit

4 Eigelb
70 g Zucker
3 Eiweiß
1 Prise Salz
50 g Mehl
25 g Kakaopulver
Zucker zum Bestreuen

Anrichten

Puderzucker
250 g Himbeeren

Vanillesahne

2 Blatt Gelatine
500 g Sahne
50 g Puderzucker
Mark von 1 Vanilleschote

Biskuit

Den Backofen auf 200 °C vorheizen. Eigelbe mit 20 g Zucker in eine Schüssel geben und schaumig schlagen. In einer zweiten Schüssel Eiweiße mit 50 g Zucker und dem Salz zu einem steifen Schnee schlagen. Den Eischnee vorsichtig unter das Eigelb heben und im Anschluss das Mehl mit dem Kakaopulver unterziehen. Die Masse gleichmäßig auf Backpapier streichen und im Backofen 8–10 Minuten backen. Den Biskuit direkt nach dem Backen mit etwas Zucker bestreuen und auf ein Tuch stürzen. Kurz auskühlen lassen.

Vanillesahne

Für die Vanillesahne die Gelatine in kaltem Wasser einweichen, anschließend gut ausdrücken und in einem Topf erhitzen, bis sie sich auflöst. Die Sahne mit dem Puderzucker steif schlagen. Die aufgelöste Gelatine unterheben und das Vanillemark einrühren.

Anrichten

Die Vanillesahne gleichmäßig auf den Biskuit streichen und dabei jeweils ca. 5 cm vorne und hinten frei lassen. Die Himbeeren am hinteren Ende auf die Vanillesahne legen und mithilfe des Tuchs den Biskuit vorsichtig einrollen, sodass die Himbeeren einen mittigen Kern bilden. Die Biskuitrolle mit geschlagener Sahne und etwas Puderzucker dekorieren.

TIPP

An heißen Sommertagen die Biskuitrolle für 30 Minuten anfrieren und geeist als leichtes Dessert servieren.

Fränkischer Apfelkuchen

{ ERGIBT **1** KUCHEN } 1 STUNDE 10 MINUTEN ZZGL. 1-2 STUNDEN MARINIERZEIT

600 g Äpfel
50 ml Rum
170 g weiche Butter
170 g Zucker
3 Eier
190 g Mehl
85 g gemahlene Haselnüsse
20 g Kakaopulver
1 TL Zimtpulver
1 TL Backpulver

Anrichten
5 EL Aprikosenkonfitüre
3 EL Fondant (Seite 150)

Die Äpfel schälen, vierteln und die Kerngehäuse entfernen. Äpfel in 2 cm große Stücke schneiden. Die Äpfel in eine flache Schüssel geben und mit dem Rum beträufeln. Etwa 1–2 Stunden durchziehen lassen.
Den Backofen auf 170 °C vorheizen. Die weiche Butter und den Zucker mit dem Handrührgerät schaumig schlagen. Anschließend nach und nach die Eier einrühren. Mehl, gemahlene Haselnüsse, Kakao, Zimt und Backpulver mischen und gleichmäßig unter die Masse heben. Zum Schluss die marinierten Äpfel unterziehen. Die Masse in eine mit Backpapier ausgelegte Springform (Ø 26 cm) füllen und glatt streichen. Den Kuchen im Backofen 50 Minuten backen. Anschließend herausnehmen und abkühlen lassen.

Anrichten

Nach dem Erkalten den Rührkuchen mit Apfel aus der Form nehmen. Aprikosenkonfitüre in einem Topf mit 2 EL Wasser zum Kochen bringen und den Kuchen damit bestreichen. Anschließend dünn mit Fondant glasieren.

TIPP

Das Rezept können Sie beliebig abwandeln, indem Sie die Äpfel gegen andere Früchte austauschen.

Zwetschgendatschi

{ ERGIBT 1 BLECH } 1 Stunde zzgl. 20 Minuten Backzeit

Datschiteig
125 ml Milch
15 g Hefe
250 g Mehl
¼ TL Salz
40 g Zucker
65 g Butter
240 g Mürbeteig
(Rezept Seite 93)

Belag
1 kg Zwetschgen
1 TL Zimt
3 EL Zucker

Butterstreusel
75 g Zucker
75 g warme Butter
150 g Mehl
Mark von 1 Vanilleschote

Datschiteig

Die Milch etwas erwärmen und die Hefe darin auflösen. Dann so viel Mehl unterrühren, bis eine gebundene Masse entsteht. Den Vorteig mit einem Tuch abdecken und an einem warmen Ort 20 Minuten gehen lassen. Dann das restliche Mehl, Salz, Zucker und die Butter zugeben und zu einem glatten Teig verkneten. Den Mürbeteig zugeben und gleichmäßig unter den Teig kneten.

Butterstreusel

Zucker, Butter, Mehl und Vanillemark in eine Schüssel geben. Alles gut miteinander vermischen, bis schöne Streusel entstehen.

Belag

Den Backofen auf 185 °C vorheizen. Die Zwetschgen halbieren und die Kerne entfernen. Den Teig gleichmäßig ausrollen und auf ein mit Backpapier ausgelegtes Backblech legen. Die Zwetschgen leicht übereinandergelegt darauf verteilen und mit den Butterstreuseln bedecken. Den Zwetschgendatschi an einem warmen Ort etwa 15 Minuten gehen lassen. Anschließend im Backofen 20 Minuten backen, dann herausnehmen und nach dem Backen etwas Zimt und Zucker darüberstreuen.

Anrichten

Zwetschgendatschi nach Belieben mit Vanillesauce (Rezept Seite 37) oder geschlagener Sahne servieren.

TIPP

Auch bei diesem Rezept können Sie flexibel sein und die Zwetschgen auch gegen andere Obstsorten, z.B. Äpfel, Mirabellen oder Reneclauden, austauschen.

Aprikosentarte

{ ERGIBT **1** TARTEFORM } 1 STUNDE

Mürbeteig
(Rezept Seite 93)
500 g Hülsenfrüchte
zum Blindbacken
250 g Sahne
80 g Zucker
3 Eier
8-12 Aprikosen,
je nach Größe

Den Backofen auf 180 °C vorheizen. Den Mürbeteig nach Rezept vorbereiten. Den Teig zwischen zwei Backpapieren ca. 3 mm dick ausrollen. Darauf achten, dass der Teig gleichmäßig dick ausgerollt ist. Den Teig in die Tarteform legen und etwas andrücken. Mit Backpapier bedecken und mit den Hülsenfrüchten bestreuen. Den Mürbeteig 10 Minuten backen, dann die Erbsen und das Backpapier entfernen und weitere 5 Minuten backen. Sahne, Zucker und Eier miteinander zu einer Royalmasse verrühren.

Den Backofen auf 175 °C herunterschalten. Die Aprikosen waschen, halbieren und entkernen. Die Aprikosenhälften leicht übereinanderliegend in die Tarteform auf den Mürbeteigboden legen. Die Royalmasse einfüllen und die Tarte im Backofen etwa 35–40 Minuten backen, bis die Royalmasse gestockt ist und die Aprikosen weich sind.

TIPPS

Die Hülsenfrüchte sollen den Teig während des Backens beschweren und verhindern, dass er aufgeht bzw. der Rand in die Form hineinfällt.

Für diese Tarte können Sie auch andere Obstsorten verwenden, z.B. Rhabarber, Äpfel oder Mirabellen.

Financiers

{ ERGIBT **8** PORTIONEN } 30 MINUTEN

60 g Butter
40 g gemahlene Mandeln
100 g Zucker
40 g Mehl
1 EL Honig
3 Eiweiß
frische Beeren
Schokolade
Hagelzucker

Den Backofen auf 175 °C vorheizen. Die Butter in einem Topf kochen, bis sie eine leicht bräunliche Farbe bekommt. Danach die heiße Butter durch ein feines Sieb passieren. Gemahlene Mandeln, Zucker, Mehl, Honig, Eiweiße und braune Butter in eine Schüssel geben und miteinander vermischen. Die Financiermasse in einen Spritzbeutel füllen und in kleine Förmchen dressieren. Je nach Saison mit Beeren, Schokolade oder Hagelzucker belegen. Die Financiers im Backofen ca. 7–10 Minuten backen. Anschließend herausnehmen und abkühlen lassen.

TIPP

Die Masse hält im Kühlschrank einige Tage frisch, sodass man nicht alles auf einmal backen muss.

Landhaus St.Urban

Butterkekse

{ ERGIBT **2** BACKBLECHE } 20 MINUTEN ZZGL. 20 MINUTEN KÜHLZEIT

75 g weiche Butter
1 g Salz
60 g Zucker
40 g Vanillezucker
1 Ei
190 g Mehl
½ TL Backpulver

Die weiche Butter mit Salz, Zucker und Vanillezucker schaumig schlagen. Dann das Ei unterrühren. Das Mehl mit dem Backpulver vermischen und unter die aufgeschlagene Masse arbeiten. Den Teig zu einer Rolle formen und 20 Minuten kalt stellen. Den Backofen auf 185 °C vorheizen. Den durchgekühlten Teig 3 mm dick ausrollen, ausstechen und gegebenenfalls stempeln. Die Butterkekse auf ein mit Backpapier ausgelegtes Blech legen und im Backofen ca. 10–12 Minuten backen.

TIPP

Vanillezucker können Sie ganz leicht selbst herstellen, indem Sie ausgekratzte Vanilleschoten mit Zucker in einem Schraubglas aufbewahren.

Neujahrszopf

{ ERGIBT 1 ZOPF } 1 ½ Stunden zzgl. 12 Stunden Marinierzeit

50 g Rosinen
10 ml Rum
30 g Mandelstifte
150 ml Milch
20 g Hefe
250 g Mehl
30 g Zucker
¼ TL Salz
100 g Butter
je 20 g Orangeat und Zitronat
Eigelb zum Bestreichen
5 EL Aprikosenkonfitüre
3 EL Hagelzucker

Bereits am Vortag die Rosinen in Rum einlegen. Den Backofen auf 160 °C vorheizen. Die Mandelstifte auf einem Backblech ausbreiten und im Backofen goldbraun anrösten. Anschließend herausnehmen und abkühlen lassen.

Die Milch etwas erwärmen und die Hefe darin auflösen. Dann so viel Mehl unterrühren, bis eine gebundene Masse entsteht. Den Vorteig mit einem Tuch abdecken und 15–20 Minuten an einem warmen Ort gehen lassen.

Dann den Vorteig mit dem restlichen Mehl, dem Zucker, Salz und der Butter zu einem geschmeidigen, glatten Teig verkneten. Zum Schluss Orangeat und Zitronat, die Mandeln und Rosinen unterarbeiten und den Teig zu drei gleich großen Strängen rollen. Um den Zopf zu formen, die drei Stränge an einem Ende zusammendrücken und jeweils abwechselnd den linken und rechten Strang um den mittleren herumlegen.

Den Backofen auf 195 °C vorheizen. Den Zopf auf ein gefettetes Blech setzen, 20 Minuten gehen lassen und dünn mit Eigelb bestreichen. Den Neujahrszopf 10 Minuten anbacken, dann die Temperatur auf 175 °C reduzieren und weitere 25 Minuten backen. Anschließend herausnehmen und abkühlen lassen.

Aprikosenkonfitüre mit 2 EL Wasser in einem Topf zum Kochen bringen und den Neujahrszopf dünn damit bestreichen. Anschließend mit Hagelzucker ausgarnieren.

Herren-Geburtstagstorte

{ ERGIBT **1** TORTE } 2 ½ Stunden

Sacherboden
100 g weiche Butter
80 g Puderzucker
5 Eigelb
5 Eiweiß
80 g Zucker
100 g Zartbitter-kuvertüre
100 g Mehl

Schokoladenglasur
200 g Sahne
40 g Zucker
40 g Butter
40 g Glukosesirup (Seite 150)
200 g Zartbitter-kuvertüre

Aprikosenfüllung
150 g Aprikosenkonfitüre
20 ml Rum

Anrichten
50 g weiße Schokolade

Sacherboden
Den Backofen auf 180 °C vorheizen. Die Butter mit dem Puderzucker aufschlagen, dann die Eigelbe nach und nach unterrühren. In einer zweiten Schüssel die Eiweiße mit dem Zucker steif schlagen. Die Kuvertüre klein hacken und auf dem Wasserbad schmelzen. Zuerst die flüssige Kuvertüre unter die Butter-Zucker-Eier-Masse heben, dann den Eischnee und zuletzt das Mehl unterziehen. Den Teig in eine gebutterte Springform (Ø 24 cm) füllen und 30–45 Minuten im Backofen backen. Anschließend herausnehmen, auf ein Gitter setzen und auskühlen lassen.

Aprikosenfüllung
Die Aprikosenkonfitüre mit dem Rum glatt rühren. Den ausgekühlten Sacherboden in 3 gleichmäßig dicke Scheiben schneiden, dabei zuvor die Kruste entfernen. Mit der Aprikosenfüllung die Böden bestreichen, diese wieder zusammensetzen und den Kuchen anschließend kalt stellen.

Schokoladenglasur
Die Sahne mit dem Zucker und Glukosesirup aufkochen. Die Kuvertüre klein hacken und in eine Schüssel geben. Die kochende Sahnemasse auf die Kuvertüre gießen und mit einem Holzlöffel umrühren, bis eine glatte Masse entsteht. Dabei darauf achten, dass man keine Luft unter die Masse zieht. Zum Schluss die gewürfelte Butter mit einem Pürierstab in die warme Glasur einarbeiten. Anschließend die Schokoladenglasur im Kühlschrank kalt stellen. Wenn die Glasur abgekühlt und streichfest ist, ungefähr ein Drittel auf die Torte streichen und den Kuchen auf ein Kuchengitter setzen. Die restliche Glasur leicht erwärmen und vorsichtig über die Torte gießen. Die Torte vom Gitter nehmen und kalt stellen.

Anrichten
Die Schokolade klein hacken und auf dem Wasserbad schmelzen. Wenn die Schokoladenglasur erkaltet ist, die Herren-Geburtstagstorte mit der flüssigen, weißen Schokolade verzieren und nach Belieben einen Schriftzug auf die Torte setzen.

Schokoladenmacarons mit verschiedenen Füllungen

{ ERGIBT **8** PORTIONEN } 1½ Stunden zzgl. 2–3 Stunden Kühlzeit

Schokoladenmacarons

25 g gemahlene Haselnüsse
100 g gemahlene Mandeln
180 g Puderzucker
20 g Kakaopulver
6 Eiweiß
100 g Zucker

Passionsfruchtganache

100 g Passionsfruchtpüree (Seite 150)
1 Eigelb
220 g weiße Schokolade
40 g Butter

Zum Garnieren

50 g gehackte Haselnüsse
50 g gehackte Mandeln
50 g Hagelzucker

Schokoladenmacarons

Gemahlene Haselnüsse und Mandeln, Puderzucker und Kakaopulver in einem Haushaltskutter fein mixen. Eiweiße steif schlagen und währenddessen den Zucker nach und nach einrieseln lassen, bis ein fester Schnee entstanden ist. Die fein gemahlene Mandel-Nuss-Mischung vorsichtig unter den Eischnee heben. Die Masse in einen Spritzbeutel mit Lochtülle füllen und ca. 2–3 cm große Tupfen auf ein mit Backpapier ausgelegtes Backblech spritzen. Die Macarons nach Belieben mit Haselnüssen, Mandeln oder Hagelzucker bestreuen und 2 Stunden antrocknen lassen. Den Backofen auf 220 °C vorheizen. Das Blech mit den Schokoladenmacarons in den Ofen schieben, dann die Temperatur auf 190 °C reduzieren. Die Macarons 5 Minuten backen. Anschließend herausnehmen und abkühlen lassen.

Passionsfruchtganache

Das Passionsfruchtpüree in einem Topf zum Kochen bringen, vom Herd nehmen und das Eigelb unterrühren. Dann das Püree durch ein feines Sieb gießen. Die Schokolade klein hacken und auf dem Wasserbad schmelzen. Das Püree nach und nach mit einem Stielschaber unter die flüssige Schokolade arbeiten, bis eine geschmeidige Masse entsteht. Mit dem Pürierstab die Butter untermixen, dann kalt stellen.

→

→ Schokoladenmacarons mit verschiedenen Füllungen

Himbeerganache
100 g Himbeerpüree
10 g Glukosesirup (Seite 150)
150 g weiße Schokolade
10 g Butter

Schokoladenganache
100 g Sahne
40 g Zucker
40 g Glukosesirup (Seite 150)
100 g dunkle Kuvertüre
40 g Butter

Himbeerganache
Das Himbeerpüree mit der Glukose aufkochen. Die Schokolade klein hacken und auf dem Wasserbad schmelzen. Das Püree nach und nach mit einem Stielschaber unter die flüssige Schokolade arbeiten, bis eine geschmeidige Masse entsteht. Mit dem Pürierstab die Butter untermixen, dann kalt stellen.

Schokoladenganache
Die Sahne mit dem Zucker und der Glukose aufkochen. Die Kuvertüre klein hacken und auf dem Wasserbad schmelzen. Nach und nach die Sahnemasse unter die flüssige Kuvertüre arbeiten. Mit dem Pürierstab die Butter untermixen, dann kalt stellen.

Anrichten
Die Macarons nach dem Auskühlen vom Blech nehmen. Die gewünschte Ganache in einen Spritzbeutel mit einer Lochtülle füllen, auf einen Macaron dressieren und mit einem zweiten bedecken.

TIPP

Diese Rezepte sind nur drei Beispiele. Sie können die Macarons mit jeder beliebigen Mousse oder Creme füllen.

Torte für den Jäger

{ ERGIBT 1 TORTE } 3–4 STUNDEN ZZGL. EINIGE TAGE RUHEZEIT

Hochsitz
Honigkuchenteig
(Rezept Seite 133)
flüssig Schokolade
Zimtstangen

Aprikosenfüllung
300 g Aprikosenkonfitüre
40 ml Rum

Sacherboden
doppelte Menge
(Rezept Seite 124)

Hochsitz
Den Teig wie beschrieben einige Tage im Voraus zubereiten und im Kühlschrank ruhen lassen. Anschließend ausrollen, die Einzelteile nach dem Schnittplan zuschneiden und nach dem Backen den Hochsitz mithilfe von flüssiger Schokolade zusammensetzen. Das untere Gestell und die Seiten sind aus Zimtstangen, die in die Torte gesteckt und ebenfalls mit Schokolade fixiert werden.

Sacherboden
Den Teig nach Rezept in doppelter Menge herstellen. In einen gebutterten Rahmen (40 x 25 cm) füllen und 30–45 Minuten im Backofen backen. Anschließend herausnehmen, auf ein Gitter setzen und auskühlen lassen.

Aprikosenfüllung
Die Aprikosenkonfitüre mit dem Rum glatt rühren. Den ausgekühlten Sacherboden in drei gleichmäßig dicke Scheiben schneiden, dabei zuvor die Kruste entfernen. Mit der Aprikosenfüllung die Böden bestreichen, diese wieder zusammensetzen und den Kuchen anschließend kalt stellen.

→ Torte für den Jäger

Schokoladenglasur

400 g Sahne
80 g Zucker
80 g Butter
80 g Glukosesirup
(Seite 150)
400 g Zartbitterkuvertüre

Baiserbäume

Eiweißspritzglasur
(Rezepte Seite 134)
Backpapier

Schokoladenglasur

Die Sahne mit Zucker und Glukosesirup aufkochen. Die Kuvertüre klein hacken und in eine Schüssel geben. Die kochende Sahnemasse auf die Kuvertüre gießen und mit einem Holzlöffel umrühren, bis eine glatte Masse entsteht. Dabei darauf achten, dass man keine Luft unter die Masse zieht. Zum Schluss die gewürfelte Butter mit einem Pürierstab in die warme Glasur einarbeiten. Anschließend die Schokoladenglasur im Kühlschrank kalt stellen.
Wenn die Glasur abgekühlt und streichfest ist, ungefähr ein Drittel auf die Torte streichen und den Kuchen auf ein Kuchengitter setzen. Die restliche Glasur leicht erwärmen und vorsichtig über die Torte gießen. Die Torte vom Gitter nehmen und kalt stellen.

Baiserbäume

Die Eiweißspritzglasur nach Rezept herstellen. Die Eiweißspritzglasur in einen Spritzbeutel mit einer kleinen Lochtülle füllen. Mehrere Blätter Backpapier in unterschiedlicher Größe zu Kegeln falten und aufstellen. Die Eiweißspritzglasur auf die Papierkegel dressieren und über Nacht aushärten lassen.

Anrichten

Die Torte auf eine rechteckige Platte legen und den Hochsitz wie beschrieben auf der Torte fixieren. Die ausgehärteten Bäume auf die Torte setzten und mit etwas Puderzucker ausgarnieren.

Hexenhäuschen

{ ERGIBT **1** HEXENHÄUSCHEN } 3–4 Stunden zzgl. einige Tage Ruhezeit

Honigkuchenteig

160 g Honig
160 g brauner Zucker
70 g Butter
1 TL Lebkuchengewürz
1 TL Zimtpulver
2 EL Kakaopulver
1 Ei
320 g Mehl
1 TL Backpulver
4 EL Milch zum Bestreichen

Vanillekipferl

100 g Butter
40 g Puderzucker
abgeriebene Schale von ½ unbehandelten Zitrone
1 Eigelb
60 g gemahlene Mandeln
140 g Mehl
200 g Vanillezucker

TIPP: Aus dem Honigkuchenteig kann man auch Printen backen.

Honigkuchenteig

Honig und braunen Zucker in einen Topf geben und unter Rühren aufkochen. Die kochende Masse in eine Rührmaschine geben und die Butter mit den Knethaken unterarbeiten. Wenn sich die Butter aufgelöst hat, das Lebkuchengewürz, den Zimt und den Kakao zugeben. Die Masse etwas auskühlen lassen und das Eigelb unterkneten. Dann das Mehl mit dem Backpulver unterkneten. Den Teig mit Frischhaltefolie abdecken und einige Tage im Kühlschrank ruhen lassen.
Den Backofen auf 190 °C vorheizen. Den Honigkuchenteig 5 mm dick ausrollen, die einzelnen Bestandteile des Hauses ausschneiden und auf ein mit Backpapier ausgelegtes Backblech legen. Benötigt werden: 1 x Bodenplatte, 2 x Front- & Rückseite (mit Fenster und Türausschnitt), 2 x Seitenteile, 2 x Dach.
Den Teig vorsichtig mit etwas Milch bestreichen und im Backofen ca. 10–15 Minuten backen.

Vanillekipferl

Butter mit Puderzucker, Zitronenabrieb und Eigelb vermischen. Die gemahlenen Mandeln und das Mehl zugeben und zu einem Teig verarbeiten. Den Teig 20 Minuten kalt stellen. Den Backofen auf 180 °C vorheizen. Den Teig anschließend in kirschgroße Stücke teilen, zu kleinen Hörnchen formen und direkt auf ein mit Backpapier ausgelegtes Backblech legen. Die Vanillekipferl im Backofen 10 Minuten backen, dabei zwischendurch das Backblech herausnehmen und einmal drehen, damit sie gleichmäßig bräunen. Sofort nach dem Backen die Vanillekipferl vorsichtig in Vanillezucker wenden und erkalten lassen.

→

Schwarz-Weiß-Gebäck

Schwarzer Teig:
100 g Butter
50 g Zucker
1 Eigelb
2 EL Kakaopulver
150 g Mehl

Heller Teig:
100 g Butter
50 g Zucker
1 Eigelb
150 g Mehl
1 Eiweiß zum Bestreichen

Eiweißspritzglasur

2 Eiweiß
360 g Puderzucker

Schwarz-Weiß-Gebäck

Jeweils für beide Teigsorten Butter mit Zucker und Eigelb verkneten (für den schwarzen Teig Kakao zugeben). Das Mehl nur kurz unterkneten, bis ein Teig entstanden ist. Beide Teigsorten 20 Minuten kalt stellen.
Den Backofen auf 180 °C vorheizen. Beide Teigsorten zwischen Backpapier 3–4 mm dick ausrollen. Den hellen Teig mit Eiweiß bestreichen und den schwarzen Teig darauflegen. Die entstandene Teigplatte halbieren, wieder eine Hälfte mit Eiweiß bestreichen und die andere darauflegen. Den Teig in gleichmäßig starke Balken schneiden und diese wiederum in kleine Plätzchen zerteilen. Das Schwarz-Weiß-Gebäck auf ein mit Backpapier ausgelegtes Backblech legen und im Backofen etwa 7–10 Minuten backen. Anschließend herausnehmen und abkühlen lassen.

Eiweißspritzglasur

Das Eiweiß mit einem Schneebesen aufschlagen und den Puderzucker nach und nach zugeben, bis eine steife Masse entsteht. Die fertige Masse stets mit einem leicht feuchten Tuch abdecken, da sie sehr schnell antrocknet.

Zimtsterne und -monde

130 g gemahlene Haselnüsse
10 g Honig
½ TL Zimtpulver
100 g Puderzucker
130 g Marzipan
1 Eiweiß
gemahlene Haselnüsse zum Ausrollen

Zusammensetzen

100 g dunkle Kuvertüre
1 EL Puderzucker

Zimtsterne und -monde

Den Backofen auf 200 °C (Unterhitze) vorheizen. Haselnüsse, Honig, Zimt, Puderzucker und das klein geschnittene Marzipan miteinander vermischen. Nach und nach das Eiweiß untermengen, dabei darauf achten, dass keine Marzipannester entstehen. Die Arbeitsfläche mit gemahlenen Haselnüssen bestreuen und den Teig darauf ca. 1,5 cm dick ausrollen. Einen Teil der Eiweißspritzglasur dünn auf den Teig streichen. Mit angefeuchteten Ausstechern ausstechen und direkt auf ein Backblech mit Backpapier setzen. Die Zimtmonde und -sterne im Backofen backen, bis die Unterseite der Plätzchen beginnt sich gold zu färben.

Zusammensetzen

Die Kuvertüre klein hacken und auf dem Wasserbad schmelzen. Die einzelnen Bestandteile des Hauses mithilfe der Kuvertüre zusammensetzen. Nun das fertige Haus mit der Eiweißspritzglasur ausgarnieren, über Nacht trocknen lassen und mit den Plätzchen verzieren. Zum Schluss etwas Puderzucker darüberstreuen.

Christstollen

{ ERGIBT **2** STOLLEN } 2 Stunden zzgl. 45 Minuten Backzeit und 1 Tag Marinierzeit

Vorteig

300 ml Milch
20 g Hefe
170 g Mehl
2 Eier

Hauptteig

200 g Rosinen
45 g Orangeat
45 g Zitronat
20 ml Rum
170 g Mehl
20 Zucker
5 g Salz
50 g Schmalz
120 g Butter
60 g Mandelstifte, geröstet
200 g Marzipan
200 g Butter zum Einstreichen

Vorteig

Die Milch leicht erwärmen und die Hefe darin auflösen. Mehl und Eier zugeben alles ca. 10 Minuten verkneten. Den Vorteig mit einem Tuch abdecken und 20 Minuten an einem warmen Ort ruhen lassen.

Hauptteig

Bereits am Vortag die Rosinen mit dem Orangeat und dem Zitronat in Rum einlegen. Am nächsten Tag Mehl, Zucker, Salz, Schmalz und Butter zu dem Vorteig geben und alles ca. 10 Minuten verkneten. Anschließend die gerösteten Mandelstifte und die eingelegten Früchte kurz unterarbeiten. Falls der Teig zu feucht ist, noch etwas Mehl zugeben. Den Backofen auf 220 °C vorheizen. Den Teig in 2 Stücke teilen und jeweils zu einem Rechteck (20 x 12 cm) ausrollen. Das Marzipan zu einer gleichmäßigen Rolle formen und auf die vordere Kante des Teiges legen. Nun den Teig aufrollen und die vordere Seite mit einem Schaber vorsichtig eindrücken. Den geformten Stollen auf ein mit Backpapier ausgelegtes Backblech setzen und etwa 15 Minuten an einem warmen Ort gehen lassen. Den Stollen im Backofen 10 Minuten bei 220 °C backen, danach die Temperatur auf 190 °C reduzieren und in weiteren 35–45 Minuten fertig backen. Anschließend den Stollen herausnehmen und mehrmals mit heißer Butter einstreichen. Nach dem Auskühlen in Alufolie einschlagen und an einem trockenem Ort aufbewahren.

Anrichten

Den Christstollen vor dem Servieren mit Puderzucker bestreuen und dünn aufschneiden.

Florentiner

{ ERGIBT **1** RAHMEN } 40 MINUTEN

100 g Mürbeteig
(Rezept Seite 93)
80 g Sahne
80 g Honig
130 g Butter
130 g Zucker
200 g gehobelte Mandeln

Den Backofen auf 180 °C vorheizen. Den Mürbeteig nach Rezept zubereiten und kühl stellen.
Die Sahne, den Honig, die Butter und den Zucker in einem Topf aufkochen und köcheln lassen, bis die Masse zu karamellisieren beginnt. Die gehobelten Mandeln unterrühren. Den Mürbeteig 3 mm dick ausrollen. Einen Rahmen (20 x 20 cm) mit dem Mürbeteig auslegen. Den Mürbeteigboden 8 Minuten vorbacken, dann die Florentinermasse gleichmäßig darauf verteilen und weitere 10–15 Minuten backen. Anschließend herausnehmen, auskühlen lassen und in ca. 2,5 cm große Quadrate schneiden.

TIPP

Florentiner sind in einer Dose verpackt ohne Probleme mehrere Wochen haltbar.

Eiscreme, Sorbets und Parfaits

Grundrezept Eiscreme

{ ERGIBT **8** PORTIONEN } 25 Minuten zzgl. 3 Stunden Kühlzeit

250 ml Milch
250 g Sahne
100 g Zucker
7 Eigelb

Milch mit der Sahne und dem Zucker aufkochen. Die Eigelbe in einer Schüssel verrühren. Beide Massen zusammenrühren und zur Rose abziehen (Seite 150). Die Eismasse durch ein feines Sieb gießen und auf Eiswasser abkühlen lassen. Anschließend in der Eismaschine gefrieren.

Eiscremes bestehen anders als Eisparfaits aus flüssigen Zutaten und erlangen ihr Volumen und ihre geschmeidige Konsistenz erst während des Gefrierens. Aromatisieren können Sie Eiscremes nach Belieben – mit Fruchtpürees, Kaffeebohnen oder Schmand. Ihrer Fantasie sind hier keine Grenzen gesetzt.

Info

Vanilleeis

{ ERGIBT **8** PORTIONEN } 25 Minuten zzgl. 3 Stunden Kühlzeit

250 ml Milch
250 g Sahne
100 g Zucker
Mark von 1 Vanilleschote
7 Eigelb

Milch mit der Sahne, dem Vanillemark und dem Zucker aufkochen. Die Eigelbe in einer Schüssel verrühren. Beide Massen zusammenrühren und zur Rose abziehen (Seite 150). Die Eismasse durch ein feines Sieb gießen und auf Eiswasser abkühlen lassen. Anschließend in der Eismaschine gefrieren.

Schokoladeneis

{ ERGIBT **8** PORTIONEN } 30 Minuten zzgl. 3 Stunden Kühlzeit

170 ml Milch
170 g Sahne
70 g Zucker
5 Eigelb
10 g Kakaopulver
70 g Zartbitterkuvertüre
10 ml Rum

Milch mit der Sahne und dem Zucker aufkochen. Die Eigelbe in einer Schüssel verrühren. Die heiße Milch-Sahne-Mischung unter die Eigelbe rühren und die Masse zur Rose abziehen (Seite 150). Das Kakaopulver unter die Eismasse rühren und durch ein feines Sieb gießen, dann die klein gehackte Kuvertüre einrühren und den Rum hinzufügen. Die Eismasse mit dem Pürierstab durchmixen und auf Eiswasser abkühlen lassen. Anschließend in der Eismaschine gefrieren.

Erdbeerrahmeis

{ ERGIBT **8** PORTIONEN } 25 Minuten zzgl. 3 Stunden Kühlzeit

150 g Sahne
70 g Zucker
25 g Glukosesirup
(Seite 150)
3 Eigelb
250 g Sauerrahm
180 g Erdbeerpüree
Saft von ½ Zitrone

Sahne mit dem Zucker und dem Glukosesirup aufkochen. Die Eigelbe in einer Schüssel mit dem Schneebesen aufschlagen. Die heiße Sahne unter die Eigelbe rühren und zur Rose abziehen (Seite 1 50). Die Flüssigkeit durch ein feines Sieb gießen und zuerst den Sauerrahm, danach das Erdbeerpüree und den Zitronensaft unterrühren. Die Eismasse auf Eiswasser abkühlen lassen und anschließend in der Eismaschine gefrieren.

Rieslingeis

{ ERGIBT **8** PORTIONEN } 25 Minuten zzgl. 3 Stunden Kühlzeit

250 ml Riesling
250 g Sahne
100 g Zucker
7 Eigelb
Saft von ½ Zitrone

Den Riesling mit der Sahne und dem Zucker aufkochen. Die Eigelbe in einer Schüssel verrühren. Die heiße Riesling-Sahne-Mischung unter die Eigelbe rühren und die Masse zur Rose abziehen (Seite 150). Die Eismasse durch ein feines Sieb gießen und mit Zitronensaft verfeinern. Anschließend auf Eiswasser abkühlen lassen und in der Eismaschine gefrieren.

Weißes Kaffee-Eis

{ ERGIBT **8** PORTIONEN } 30 MINUTEN ZZGL. 3 STUNDEN KÜHLZEIT

750 ml Milch
270 g Sahne
100 g Zucker
50 g Kaffeebohnen
6 Eigelb

Die Milch mit der Sahne und dem Zucker aufkochen. Die Kaffeebohnen zugeben und die Mischung 2–3 Stunden ziehen lassen. Anschließend durch ein feines Sieb gießen und ein weiteres Mal aufkochen. Die Eigelbe in einer Schüssel verrühren, dann die heiße Kaffeesahne einrühren und die Masse zur Rose abziehen (Seite 150). Die Kaffeesahne im Kühlschrank erkalten lassen und anschließend in der Eismaschine gefrieren.

Weitere Eisrezepte

Grundrezept Parfaitmasse

{ ERGIBT **8** PORTIONEN } 20 Minuten zzgl. 3 Stunden Kühlzeit

1 Ei
3 Eigelb
100 g Zucker
Mark von 1 Vanilleschote
1 Blatt Gelatine
400 g Sahne

Ei, Eigelbe, Zucker und Vanillemark auf dem Wasserbad warm schlagen und danach in einer Küchenmaschine kalt schlagen, bis eine steife Masse entsteht. Die Gelatine in kaltem Wasser einweichen, gut ausdrücken und in einem Topf auflösen. Die Sahne in einer zweiten Schüssel schlagen und mit der Gelatine unter die Eimasse heben. Die Masse in eine mit Folie ausgelegte Form gießen und im Gefrierschrank gefrieren.

Info

Parfaits bestehen aus aufgeschlagenem Ei-Zucker-Schaum und geschlagener Sahne. Als Geschmackszutaten werden Fruchtpürees, Gewürze oder geschmolzene Schokolade verwendet. Auch hier können Sie sich wieder kreativ austoben und alle Geschmacksrichtungen ausprobieren.

Erdbeerparfait

{ ERGIBT **8** PORTIONEN } 20 Minuten zzgl. 3 Stunden Kühlzeit

1 Ei
3 Eigelb
100 g Zucker
Mark von 1 Vanilleschote
1 Blatt Gelatine
400 g Sahne
150-200 g Erdbeermark
Saft von ½ Zitrone

Ei, Eigelbe, Zucker und Vanillemark auf dem Wasserbad warm schlagen und danach in einer Küchenmaschine kalt schlagen, bis eine steife Masse entsteht. Die Gelatine in kaltem Wasser einweichen, gut ausdrücken und in einem Topf auflösen. Die Sahne in einer zweiten Schüssel schlagen und mit der Gelatine unterheben. Das Erdbeermark mit dem Zitronensaft unter die Parfaitgrundmasse heben. Anschließend die Masse in eine mit Folie ausgelegte Form gießen und im Gefrierschrank gefrieren.

Schokoladenparfait

{ ERGIBT **8** PORTIONEN } 30 Minuten zzgl. 3 Stunden Kühlzeit

2 Eier
3 Eigelb
80 g Zucker
50 g Kakaopulver
1-2 TL Milch
150 g Zartbitter-kuvertüre
350 g Sahne

Eier, Eigelbe und Zucker auf dem Wasserbad warm schlagen und danach in einer Küchenmaschine kalt schlagen, bis eine steife Masse entsteht. Das Kakaopulver mit der Milch glatt rühren und unter die Eimasse arbeiten. Die Kuvertüre klein hacken, auf dem Wasserbad schmelzen und unterziehen. Die Sahne in einer zweiten Schüssel schlagen und unterheben. Anschließend die Masse in eine mit Folie ausgelegte Form gießen und im Gefrierschrank gefrieren.

Erdnussparfait

{ ERGIBT **8** PORTIONEN } 30 Minuten zzgl. 3 Stunden Kühlzeit

Karamell
100 g Zucker
150 g Sahne
20 g Butter
½ TL Salz

Parfaitmasse
1 Ei
3 Eigelb
100 g Zucker
Mark von 1 Vanilleschote
1 Blatt Gelatine
400 g Sahne
100 g Nougat
100 g Erdnussbutter
100 g gesalzene Erdnüsse

Karamell

Den Zucker im Topf karamellisieren und mit der Sahne ablöschen. Salz und Butter zugeben und einige Minuten köcheln, dann abkühlen lassen.

Parfaitmasse

Die Parfaitmasse nach Grundrezept zubereiten. Den Nougat in einem Topf erwärmen, bis er sich verflüssigt. Den warmen Nougat und die Erdnussbutter unter die fertige Parfaitmasse mischen und das Parfait abwechselnd mit dem Karamell und den Erdnüssen in die mit Folie ausgelegte Form füllen und anschließend im Gefrierschrank gefrieren.

Nougat-de-Montelimar-Parfait

{ ERGIBT **8** PORTIONEN } 20 Minuten zzgl. 3 Stunden Kühlzeit

1 Ei
3 Eigelb
100 g Zucker
Mark von 1 Vanilleschote
1 Blatt Gelatine
400 g Sahne
150 g Nougat de Montelimar (Seite 150)
50 g geröstete Pistazien
2 EL Kirschwasser
50 g Amarenakirschen

Parfaitmasse nach Grundrezept zubereiten. Nougat in kleine Stücke schneiden. Pistazien mit einem großen Messer hacken. Nougat, Pistazien, Kirschwasser und Amarenakirschen unter die Parfaitmasse heben. Anschließend die Masse in eine mit Folie ausgelegte Form gießen und im Gefrierschrank gefrieren.

Christstollenparfait

{ ERGIBT **8** PORTIONEN } 20 Minuten zzgl. 3 Stunden Kühlzeit

1 Ei
3 Eigelb
100 g Zucker
Mark von 1 Vanilleschote
1 Blatt Gelatine
400 g Sahne
200 g Christstollen
2 TL Christstollengewürz

Parfaitmasse nach Grundrezept zubereiten. Den Christstollen in 1 cm große Würfel schneiden. Christstollengewürz und Christstollenstückchen unter die Parfaitgrundmasse heben. Anschließend die Masse in eine mit Folie ausgelegte Form gießen und im Gefrierschrank gefrieren.

Weitere Parfaitrezepte

Himbeerparfait 103
Rhabarberparfait 87
Vanille-Honig-Parfait 67
Vanilleparfait 104

Himbeersorbet

{ ERGIBT **8** PORTIONEN } 25 Minuten zzgl. 3 Stunden Kühlzeit

140 ml Wasser
70 g Zucker
30 g Glukosesirup
(Seite 150)
260 g Himbeerpüree
(Seite 150)

Wasser, Zucker und Glukosesirup zusammen aufkochen und währenddessen darauf achten, dass sich der Zucker komplett auflöst. Den Sirup mit dem Himbeerpüree verrühren und im Kühlschrank abkühlen lassen. Anschließend die Sorbetmasse in der Eismaschine gefrieren.

TIPP

Das fertige Sorbet lässt sich nicht lange im Gefrierschrank aufbewahren, da es sehr hart wird. Am besten ist es, wenn Sie es noch am selben Tag verzehren.

Info

Ein Sorbet ist ein Eis, das nur aus Früchten besteht. Es sind keine Eier, Milch oder Milchprodukte enthalten. Glukosesirup ist eine Zuckerart, die dazu beiträgt, das Sorbet geschmeidig zu machen, und die verhindert, dass das Eis grieselig wird.

Aprikosensorbet

{ ERGIBT **8** PORTIONEN } 25 Minuten zzgl. 3 Stunden Kühlzeit

160 ml Wasser
60 g Zucker
40 g Glukosesirup
(Seite 150)
250 g Aprikosenpüree
(Seite 150)

Wasser, Zucker und Glukosesirup zusammen aufkochen und währenddessen darauf achten, dass sich der Zucker komplett auflöst. Den Sirup mit dem Aprikosenpüree verrühren und im Kühlschrank abkühlen lassen. Anschließend die Sorbetmasse in der Eismaschine gefrieren und möglichst schnell verzehren.

Passionsfruchtsorbet

{ ERGIBT **8** PORTIONEN } 25 Minuten zzgl. 3 Stunden Kühlzeit

130 ml Wasser
80 g Zucker
40 g Glukosesirup
(Seite 150)
260 g Passionsfrucht-
püree (Seite 150)

Wasser, Zucker und Glukosesirup zusammen aufkochen und währenddessen darauf achten, dass sich der Zucker komplett auflöst. Den Sirup mit dem Passionsfruchtpüree verrühren und im Kühlschrank abkühlen lassen. Anschließend die Sorbetmasse in der Eismaschine gefrieren und möglichst schnell verzehren.

TIPP

Um den frischen Fruchtgeschmack nicht zu beeinträchtigen, darf man die Fruchtpürees nicht mitkochen.

Weiteres Sorbetrezept

Glossar

Abbrennen
Eine Masse oder einen Teig (beispielsweise Brandteig) in einem Topf bei mittlerer Hitze mit einem Holzlöffel bearbeiten, bis sich der Teig oder die Masse vom Holzlöffel löst und sich eine leicht goldene Schicht am Topfboden bildet. Beim Abbrennen verdampft die überflüssige Flüssigkeit. Dieser Arbeitsschritt ist unerlässlich für das Gelingen einer Brandmasse.

Blindbacken
Zum Blindbacken können getrocknete Hülsenfrüchte wie Bohnen, Erbsen oder Linsen verwendet werden. Diese werden mit Backpapier auf den Teig gegeben, sodass dieser nicht so stark aufgeht und seine Form behält.

Dressieren
Eine Masse mithilfe eines Spritzbeutels (Dressierbeutel) aufspritzen.

Espumaflasche
Im Prinzip dasselbe wie ein Sahnespender. Die Espumaflasche kann man aufschrauben und füllen. Durch die CO_2-Kapseln wird die Masse in der Flasche unter Druck gesetzt und dadurch aufgeschäumt.

Fondant
Eine weiche Zuckermasse, die als Glasur verwendet wird (beispielsweise bei Plunderteilchen).

Fruchtpüree
Reife Früchte mit Zucker und wenig Wasser zu einem Püree kochen und durch ein feines Sieb streichen.

Glukosesirup
Eine Zuckerart, die aus gespaltener Stärke besteht. Die Süßkraft ist deutlich niedriger als bei normalem Haushaltszucker.

Kakaobohnenbruch
Zerkleinerte Kakaobohnen, die zuvor fermentiert, getrocknet und geröstet wurden.

Läuterzucker
Ein Sirup, bestehend aus einem Teil Wasser und einem Teil Zucker.

Magermilchpulver
Indem man Magermilch das gesamte Wasser entzieht, entsteht Magermilchpulver. Um ein Kilo Magermilchpulver herzustellen, benötigt man 6-7 Liter Milch. Man kann es aber auch kaufen.

Nougat de Montelimar
Ein Konfekt, das aus Zucker, Honig, Eiweiß, verschiedenen Trockenfrüchten sowie aus Mandeln und Pistazien besteht. Der Ursprung kommt aus der französischen Stadt Montélimar, die als „Hauptstadt“ des Nougats gilt.

Silikonbackmatte
Eine hitzebeständige Backmatte, die sich sowohl zum Backen als auch zum Einfrieren eignet.

Zur Rose abziehen
In aufgeschlagene Eier kochende Milch oder Sahne einrühren. Die Masse bei geringer Hitze unter Rühren auf 85 °C erhitzen, bis sie eine sämige Konsistenz erreicht hat. Die Masse nicht über diese Temperatur erhitzen, da das Eigelb sonst gerinnt und die Masse klumpig wird.

Rezeptverzeichnis

Register

Danke!

Die Idee zu diesem kleinen Dessertbuch entstand durch Anregungen von vielen Menschen, wie Tante Gerda, die unbedingt das Rezept für ihren Lieblingskuchen, die Biskuitrolle, von mir haben wollte, oder Onkel Stefano, der eigentlich ja gar nichts Süßes mag, es aber dann doch immer bestellt und genießt. Es finden sich Desserts, die meine Kinder und meine liebe Frau Ruth mögen und viele Lieblingsrezepte meiner „süßen" Landküche, ohne Schnickschnack und einfach lecker ...

Danken möchte ich meinen Mitarbeitern, die mich auch bei diesem Projekt unterstützten. Danke, der Fotografin für ihre Handschrift. Dem Verlag mit seinem Team, besonders Frau Herget und Frau Becker, für die tolle Zusammenarbeit.

Einem möchte ich ganz besonders danken: meinem Patissier Johannes Schneider, der sich um alle Rezepte kümmerte und die meiste Arbeit hatte! Ihm danke ich für die äußerst angenehme Zusammenarbeit, auch in Zukunft mit weiteren Aufgaben in unserer Landküche!

Über den Autor

Kein anderer Koch hat sich so konsequent und nachhaltig der regionalen deutschen Küche verschrieben wie Harald Rüssel. Seine innovativen Kreationen aus heimischen Produkten und Zutaten haben die Wiederentdeckung der deutschen Küche eingeleitet. Rüssel zählt seit Jahren in allen renommierten Restaurant-Guides zu den Besten seiner Zunft und ist mit einem Michelin-Stern ausgezeichnet. Ausgebildet in der deutschen und französischen Spitzengastronomie, betreibt Harald Rüssel heute das Landhaus und Hotel St. Urban in Naurath am Wald nahe der Mosel. Der Autor erfolgreicher Kochbücher wie „Wild“ und „Freitags Fisch“ ist seit Jahren auch zusammen mit Manuel Andrack in der beliebten SR-Fernsehserie „2 Mann für alle Gänge“ zu sehen.

Bei Umschau erschienen von Harald Rüssel bereits

WILD
978-3-86528-734-2
EUR (D) 29,90 /
EUR (A) 30,80

Freitags Fisch
978-3-86528-685-7
EUR (D) 29,90 /
EUR (A) 30,80

HR
JEUNES
RESTAURATEURS
D'EUROPE

Impressum

Rezepte und Texte

Harald Rüssel

Büdlicherbrück 1
54426 Naurath/Wald
Tel. 0 65 09 / 91 40-0
Fax 0 65 09 / 91 40-40
E-Mail: info@landhaus-st-urban.de
www.landhaus-st-urban.de

Chefredaktion

Vanessa Herget, Neuer Umschau Buchverlag, Neustadt an der Weinstraße

Art Direktion

Janine Becker, Neuer Umschau Buchverlag, Neustadt an der Weinstraße

Fotografie und Styling

Maria Brinkop, Hildesheim
www.fotobrinkop.de

Assistenz Fotografie

Johannes Schneider, Rafael Böhlinger, Sebastian Sandor und Fred Rüssel

Gestaltung und Satz

Meike Herzog, Immenstadt
www.meikeherzog.de

Rezeptlektorat

Anja Fleischhauer, Stuttgart

Reproduktion

posi.tiff media GmbH, Gelnhausen

Druck und Verarbeitung

Werbedruck GmbH Horst Schreckhase, Spangenberg

Printed in Germany
ISBN: 978-3-86528-686-4

Besuchen Sie uns im Internet
www.umschau-buchverlag.de

Harald Rüssel verwendet in seinem Landhaus Milchprodukte der Firma Hochwald. Hochwald Foods GmbH ist ein genossenschaftlich strukturiertes Unternehmen mit Sitz in Thalfang, Rheinland-Pfalz. Die Marke Hochwald ist dort zu Hause, wo sich ihr hauptsächliches Milcheinzugsgebiet befindet, in Rheinland-Pfalz, Saarland und Hessen. Mit Produktionsstandorten in Deutschland und den Niederlanden deckt das Unternehmen das gesamte Spektrum an Milchprodukten ab.